Amy Schmidt

Dipa Ma

Amy Schmidt

Dipa Ma

Furchtlose Tochter des Buddha

Aus dem Amerikanischen übersetzt
von Susanne Steinhusen

arbor

Arbor Verlag
Freiburg im Breisgau

Titel der amerikanischen Originalausgabe:
„Knee Deep in Grace, The Extraordinary Life and Teaching of Dipa Ma“

3. Auflage 2017

Druck und Bindung: Kösel, Krugzell
Hergestellt von mediengenossen.de
Dieses Buch wurde auf 100% Altpapier gedruckt und ist alterungsbeständig.
Weitere Informationen über unser Umweltengagement
finden Sie unter www.arbor-verlag.de/umwelt.

www.arbor-verlag.de

ISBN 978-3-936855-09-8

Inhalt

Vorwort

Manchmal begegnen wir einem Menschen in unserem Leben, der so außergewöhnlich ist, dass er oder sie unser Leben verändert. Dipa Ma war ein solcher Mensch. Als ich 1967 nach Bodh Gaya in Indien ging, um dort Meditation zu praktizieren, erzählte mir mein Meditationslehrer Anagarika Munindra zum ersten Mal von Dipa Ma. Er hatte sie in Burma unterrichtet, wo er selbst neun Jahre Meditation praktiziert hatte. Er berichtete von einer außergewöhnlichen Meditierenden, die ein hohes Maß an spiritueller Verwirklichung erlangt hatte. Was Munindra nicht in Worten auszudrücken vermochte, mich jedoch seit meiner ersten Begegnung mit Dipa Ma tief berührte, war die besondere Qualität ihres Seins. Ihre Präsenz war erfüllt von Liebe und tiefem Frieden. Diese Qualität von Stille und Liebe unterschied sich von allem, was mir bisher in meinem Leben begegnet war. In der Abwesenheit eines Selbst blieben schlichtweg Liebe und Frieden zurück.

Dipa Ma brachte uns dazu, die größten Mühen auf uns zu nehmen. Sie stellte keine Regeln oder Vorschriften auf, sondern durch ihre lebendige Gegenwart zeigte sie uns, was möglich war, und diente auf diese Weise als große Inspiration. Sie hatte unerschütterliches Vertrauen in die Fähigkeit eines jeden Einzelnen von uns, den spirituellen Weg zu gehen. Sie vermittelte uns dieses Vertrauen, indem sie uns mit vollkommener Akzeptanz dort begegnete, wo wir uns innerlich befanden. Gleichzeitig ermutigte sie uns, unsere Einsicht durch kontinuierliche Praxis zu vertiefen.

Obwohl Dipa Ma lediglich zweimal in den Westen gekommen war, beeinflusste sie den amerikanischen Buddhismus entscheidend. Sie war die erste weibliche Meditationsmeisterin aus der Theravada-Tradition, die in Amerika lehrte. Trotz ihrer tiefen Verbundenheit mit der Tradition war sie der festen Überzeugung, dass die spirituellen Fähigkeiten einer Frau im Laienleben denen der Männer, die in der religiösen Hierarchie deutlich höher gestellt waren, in jeder Hinsicht gleichkamen, wenn nicht sogar überlegen waren. In diesem Sinne wurde Dipa Ma zu einem Leitbild für Frauen als auch für Männer. Der Einfluss, den sie auf eine große Anzahl Praktizierende genommen hat, setzt sich auch heute weiterhin in der Sangha (spirituellen Gemeinschaft) fort.

Mit großer Freude und Dankbarkeit blicke ich auf dieses wundervolle Buch, das Amy Schmidt herausgegeben hat. Denjenigen von uns, die Dipa Ma kannten, gibt es die Gelegenheit uns an unsere gemeinsame Zeit mit ihr zu erinnern. Für andere birgt es die Möglichkeit, ihr zum ersten Mal zu begegnen.

Joseph Goldstein
Insight Meditation Society
März 2002

Geleitwort

Gnade im Sinne einer göttlichen Segnung, die uns gegeben ist, ohne dass wir etwas dafür tun müssen, ist streng genommen kein buddhistisches Konzept. Die Erfahrung von Gnade ist jedoch weit verbreitet unter Meditierenden, ob wir sie nun einem göttlichen Einfluss zuschreiben oder nicht. Wenn wir unser Leben genauer betrachten – die Umstände, die uns erlauben den spirituellen Weg zu gehen, die Möglichkeit, verwirklichten Lehrern zu begegnen und mit ihnen zu arbeiten, die Aufrichtigkeit unseres Wunsches nach wahrem inneren Frieden –, sehen wir, dass wir bereits reich mit Gnade beschenkt sind. Der Begriff „Gnade" wird uns im Verlauf der Lektüre häufig begegnen; angefangen mit den biographischen Kapiteln in Teil I, über die Geschichten von Leuten, die Dipa Ma kannten im zweiten Teil, bis hin zu Dipa Mas Lehren in Teil III. Gemeint ist hier die außergewöhnliche, undefinierbare und herzöffnende Qualität der Begegnungen mit Dipa Ma.

Einer der ersten Menschen aus dem Westen, der Dipa Ma begegnete, war Prof. Dr. Jack Engler. Er praktizierte mit dem gleichen Lehrer, der Dipa Ma unterrichtet hatte. Jack leistete einen beträchtlichen Beitrag zu diesem Buch: ein großer Teil der biographischen Informationen in Teil I enthält Zitate von Dipa Ma und beruht auf dem Material, das Jack Engler speziell für dieses Buch zusammengestellt hat. Die Informationen stammen sowohl von seinen persönlichen Erfahrungen mit Dipa Ma als auch von psychologischen Untersuchungen, die er mit ihr durchführte. Sie bestätigten die traditionellen Beschreibungen von spirituellen Erwachenserlebnissen. Diese erste vollständige Aufzeichnung von Dipa Mas Leben ist Jack Engler zu verdanken, der das Matieral für das vorliegende Buch zur Verfügung gestellt hat. Ich bin ihm sehr dankbar für seinen großzügigen Beitrag.

Jack Englers Untersuchungen beschreiben Dipa Mas spirituelle Verwirklichung in wissenschaftlichen Fachbegriffen. Die meisten Menschen, die Dipa Ma persönlich begegneten oder die sie aus Erzählungen von verschiedenen Lehrern kennen, auf die sie Einfluss genommen hat, betrachten sie aus einem anderen Blickwinkel. Für mich ist sie die Verkörperung der göttlichen Mutter, ein Archetyp, der in allen Kulturen existiert. Die folgende Geschichte zum Gedenken an Dipa Ma ist ein Geschenk des Trappistenmönchs Vater Theophane, Autor des Buches *Tales of a Magic Monastery.* Sie verdeutlicht den göttlichen Aspekt von Dipa Mas unendlichem Mitgefühl.

Wie sieht dein Herz aus? Das war die entscheidende Frage. Sie brachten jemanden herein, der gerade gestorben war. Sie unternahmen die notwendigen Vorkehrungen und öffneten sein Herz. Sie können sich nicht vorstellen, was dort drinnen war. Sie können es sich wirklich nicht vorstellen – weiße Menschen, schwarze Menschen, Atheisten, reiche Menschen, arme Menschen, Trinker, Prostituierte, Priester, Politiker, Kinder, Richter, Baseballspieler, Irre und ich – selbst ich –, wie bin ich da hineingeraten?
Wie wird es in mir aussehen, wenn ich sterbe? Was wird man finden, wenn man mein Herz öffnet?

Mögen wir unser Herz für die Gnade öffnen, die immer gegenwärtig ist.

Einleitung

Wie ich Dipa Ma entdeckte

Lange bevor ich zum ersten Mal Dipa Mas Name hörte, rief sie nach mir.

Im Alter von 19 Jahren gab mir jemand eine Kopie von Hermann Hesses Buch *Siddharta.* Ich las es viermal und unterstrich fast jede Zeile. Das Buch weckte in mir die Hoffnung, dass es einen Weg gibt, der Leiden beendet, und dass es möglich ist, in diesem Leben vollkommene Freiheit zu erfahren. Ich wünschte mir so sehr, dass es wahr sein möge. Ich praktizierte zunächst transzendentale Meditation und fand meinen Weg zum Dharma, der buddhistischen Lehre, erst sechs Jahre später. Am schwarzen Brett eines Hinterhauscafés in Seattle entdeckte ich den Aushang einer buddhistischen Gruppe, der meine Neugierde weckte. Ich besuchte die Gruppe und erhielt Anleitungen in Sitzmeditation.

Ich spürte unmittelbar, dass ich etwas Tiefes und Bedeutungsvolles in dieser Praxis gefunden hatte, das ich nicht wieder loslassen durfte. Eines Tages kam ein thailändischer Lehrer in die Gruppe und sprach über Erleuchtung. Erleuchtung sei das Ziel von Meditation, sie sei „unbeschreiblich“ und bewege sich jenseits von Körper und Geist sowie jenseits jeglichen Leidens. Was mich jedoch mehr faszinierte als seine Worte, war das, was unausgesprochen blieb: die mystische Stille, die seine Worte umgab, die tiefe Ruhe in seinen Augen. An diesem Abend lief ich im Regen nach Hause und wurde von einer starken Körperempfindung angehalten. Ich blieb in der Dunkelheit stehen und der Regen strömte über mein Gesicht; ich gelobte den Rest meines Lebens dem Ziel der Erleuchtung zu widmen. Wie lange es auch dauern möge und was immer es auch kostete, ich wusste, dass ich nicht aufgeben würde, bevor ich diesen Frieden selber erfahren hätte.

Von Zeit zu Zeit kamen buddhistische Lehrer in unsere Gruppe: ein Mann, der in Burma (jetzt Myanmar) ordiniert hatte, und verschiedene Mönche aus der thailändischen Tradition. Es waren stets männliche Lehrer, die wiederum über ihre eigenen männlichen Lehrer sprachen. „Wo sind die Frauen in dieser Tradition?", fragte ich mich, „Wo sind meine Mentorinnen?"

In der Hoffnung mehr über Frauen im Buddhismus zu erfahren, begann ich buddhistische Schriften zu lesen, die mich allerdings noch enttäuschter zurückließen. Frauen wurden nicht nur selten erwähnt, sondern die alten Schriften präsentierten im Allgemeinen ein geringschätziges Bild von uns. Wie andere Frauen in dieser Zeit gab ich meinen Wunsch nach einem weiblichen Leitbild auf und tauchte in meine eigene Praxis ein.

Nach fünf Jahren unentwegten Bemühens verspürte ich das starke Bedürfnis nach längeren Phasen intensiver Meditationspraxis. Einige Freunde erzählten mir vom Drei-Monats-Retreat, das jedes Jahr im Herbst in der „Insight Meditation Society“ (IMS) in Barre, Massachusetts, stattfand. Ich bewarb mich um das Retreat und wurde angenommen. Drei Monate Schweigen – viele meiner Freunde erklärten mich für verrückt.

Das Meditationszentrum, das von den Lehrern Sharon Salzberg, Joseph Goldstein und Jack Kornfield gegründet wurde, ist umgeben von Wäldern und Feldern. Das Hauptgebäude ist ein alter, stattlicher Backsteinbau, das ehemalige Herrschaftshaus eines Gouverneurs, das im Jahre 1911 erbaut wurde. Nachdem ich meine Sachen ausgepackt und meine Zimmernachbarin aus der Schweiz kennen gelernt hatte, nahm ich an einer Führung des Anwesens teil, in dem ich in den nächsten 90 Tagen leben und praktizieren würde. Als ich mich in den Räumlichkeiten umsah, bemerkte ich eine Reihe von Buddhastatuen und Bildern verschiedener Lehrer, die sorgfältig in allen Ecken und Winkeln des Anwesens platziert waren. Es handelte sich ausschließlich um männliche Abbilder.

Dann entdeckte ich plötzlich in der Bibliothek das Foto einer in Weiß gekleideten indischen Frau, die wie ein Knäuel weißer Wolken auf einer grünen Sommerwiese saß. Sie trug eine dicke Hornbrille, die durch ein Stück weißes Klebeband zusammengehalten wurde. Hinter den Brillengläsern befand sich der friedlichste und liebevollste Blick, den ich je gesehen hatte. Das Bild trug keinen Namen, ich wusste jedoch, dass ich einer großen Meisterin begegnet war, einer Frau, die tiefen, inneren Frieden gefunden hatte. Ich war gespannt, ob die Lehrer über sie sprechen würden, und fragte mich, ob sie meine Mentorin werden würde.

Ich musste nicht lange auf die Antwort warten. Schon nach wenigen Tagen begannen die Lehrer über die Frau auf dem Foto zu sprechen. Die gebürtige Nani Bala Barua, allen jedoch vertraut als Dipa Ma („Mutter von Dipa"), war erst vor zwei Wochen gestorben. Alle der fünf Lehrer hatten sie persönlich gekannt und empfanden tiefe Liebe für sie. Zwei von ihnen waren seit fast 20 Jahren ihre Schüler gewesen. Die Trauer in ihrem Herzen war noch sehr frisch. Ich war bestürzt darüber, dass ich dieser Frau nie begegnen würde. Doch mir wurde bald klar, dass Dipa Ma durch die inspirierenden Geschichten, die von ihr erzählt wurden, bereits zu meiner Mentorin geworden war.

Ich empfand eine starke Verbundenheit mit ihr: es gab so viele Ähnlichkeiten zwischen ihrer und meiner eigenen Lebensgeschichte. Sie hatte tiefes Leid erfahren, als sie im Alter von zwölf Jahren von ihrer Familie getrennt und nach indischem Brauch verheiratet wurde. Meine eigene Welt veränderte sich ebenfalls plötzlich und unwiderruflich im Alter von zwölf Jahren. Eines Morgens wachte ich auf, und erfuhr, dass meine Mutter, mit der ich mich stark verbunden fühlte, die Nacht zuvor einen Selbstmordversuch verübt hatte. Obwohl ihr ein weiterer Selbstmordversuch erst einige Jahre später gelang, hatte dieses Ereignis eine verheerende Wirkung auf mich. Wie im Falle von Dipa Ma endete meine Kindheit unerwartet, buchstäblich über Nacht. Auch weitere Ereignisse meiner Jugend und meines frühen Erwachsenenlebens glichen den Verlusten und Schwierigkeiten, die Dipa Ma erfahren hatte, bevor sie die Meditationspraxis entdeckte.

Als Kind hatte ich die Geschichten geliebt, die meine Mutter mir über Afro-Amerikaner erzählte, die sich trotz der bestehenden Ungerechtigkeiten über ihr Leiden hinweghoben und zu großen Führern und Lehrern geworden waren. Mahalia Jackson, Dr. Martin Luther King jr., Malcolm X, Paul Robeson, Marian Anderson, Frederick Douglass, Rosa Parks waren die Helden und Heldinnen meiner Kindheit. Ich fragte mich, wie Dipa Ma es als einfache Hausfrau geschafft hatte, ihre persönlichen Schwierigkeiten und die patriarchalischen Zwänge der asiatischen Kultur zu überwinden, um dann in einer Art und Weise zu praktizieren und lehren, die für ihre Zeit höchst ungewöhnlich war. Obwohl sie keine feministische Führerin oder Freiheitskämpferin im eigentlichen Sinne war, erinnerte mich Dipa Ma an die Heldinnen meiner Kindheit.

Ich war begierig darauf, in Dipa Mas Fußstapfen zu treten, und wollte *alles* über sie erfahren. Am Ende des Drei-Monats-Retreats traf ich mich mit Joseph Goldstein und fragte ihn, ob er oder andere Lehrer darüber nachgedacht hätten, Dipa Mas Leben zu beschreiben. Er verneinte; Joseph hatte mit Sicherheit nicht die nötige Zeit dazu. Dann schlug er mir in seinem typischen Enthusiasmus vor: „Du solltest es tun!"

Ich dachte mehrere Tage über seinen Vorschlag nach. Wie sollte ich über jemanden schreiben, dem ich nie begegnet war? Freunde erinnerten mich daran, dass nur wenige der vielen Menschen, die seit 2500 Jahren den Lehren des Buddha folgten, ihn persönlich gekannt hatten. Das Gleiche gilt natürlich auch für andere spirituelle Führer wie Jesus oder Mohammed. Ihre Geschichten sind ihre lebendigen Zeugnisse.

So begann ich mit Hilfe der Aufzeichnungen und Beschreibungen über Dipa Ma meine Nachforschungen. Über acht Jahre trug ich Geschichten zusammen, die ich von Lehrern aus ganz Amerika, Indien und Myanmar erhalten hatte. Jeder Schritt dieser Reise, jede Begegnung und jede Verabschiedung, jede Unterhaltung sowie jedes Andenken waren von Liebe geprägt: Liebe für Dipa Ma, Liebe für den buddhistischen Weg und Liebe für dieses kostbare Leben.

Der Buddha beschrieb die spirituellen Lehren als „vorzüglich am Anfang, vorzüglich in der Mitte und vorzüglich am Ende". Dipa Mas Lehren manifestierten die Schönheit des Dharma immer wieder von neuem. Auch nach ihrem Tod lebt sie im Herzen vieler Menschen weiter. Ihre Schüler berichten das Gefühl zu haben, dass Dipa Ma sie weiterhin in ihrer Praxis begleitet. Einige der Menschen, die ihr nie begegnet sind, berichten, dass Dipa Ma ihnen in ihrer Meditationspraxis hilft und sie in ihren Träumen aufsucht. Andere sagen, dass sie ihre Stimme hören, und wieder andere berichten ihre Gegenwart zu spüren. Ich betrachte solche mystischen Erfahrungen als Geschenke von Gnade. Wie verloren wir uns innerlich auch fühlen mögen, wie hoffnungslos die Weltsituation erscheinen mag, wo immer wir sind, ob wir es wissen oder nicht, wir sind bereits reich mit Gnade beschenkt.

Mögen diese Geschichten Sie auf Ihrer spirituellen Reise begleiten.

Mögen alle Wesen frei sein.

Ein außergewöhnliches Leben

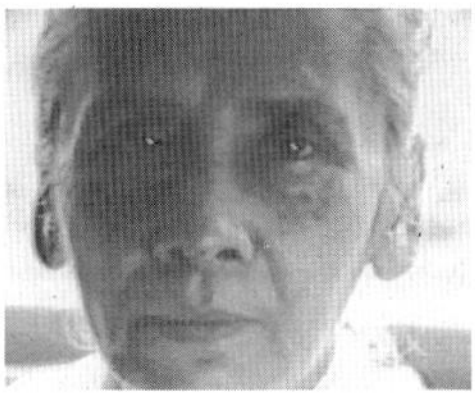

In den Buddhismus hineingeboren

„Es gibt nichts in dieser Welt, an dem es sich lohnt, festzuhalten.“

Nani Bala Barua wurde am 25. März 1911 in einem ost-bengalischen Dorf nahe der burmesischen Grenze geboren. Die Region Chittagong war bekannt für ihre Mischung aus verschiedenen religiösen Traditionen: Hindus, Moslems und Buddhisten lebten hier harmonisch Seite an Seite. Die einheimische buddhistische Gemeinschaft ist möglicherweise die einzige noch bestehende, die in ungebrochener Linie bis zum Buddha zurückdatiert.

Nanis Familie gehörte zum Klan Bengali Barua, den Nachkommen der ursprünglichen Buddhisten in Indien. Obwohl die Meditationspraxis zum Zeitpunkt von Nanis Geburt beinahe ausgestorben war, gab es immer noch einige Familien, die buddhistische Rituale und Bräuche durchführten. Zu ihnen gehörten ihr Vater, Purnachandra Barua, sowie ihre Mutter, Prasanna Kumari.

Nani war das älteste von sechs Kindern und stand ihren Geschwistern sehr nahe. Sie war das Lieblingskind in der Großfamilie. Mit ihrer Mutter verband sie eine besonders innige Beziehung. Ihre Mutter sei eine ruhige und liebevolle Frau gewesen, ihren Vater beschrieb sie als einen Mann mit klaren Prinzipien, der niemals zustimmte, wenn es nicht seinen Vorstellungen entsprach. Trotz seiner unnachgiebigen Art war ihre Beziehung von tiefer Zuneigung geprägt.

Die Tradition von Dana (Freigebigkeit) wurde in Nanis Elternhaus gemeinhin praktiziert: ihre Eltern beschenkten buddhistische Mönche, hinduistische Priester und jeden, der um Almosen bat. Das junge Mädchen lernte von seinen Eltern, was es bedeutete, anderen zu geben, nämlich alle einzuschließen, ohne irgendwelche Unterschiede zu machen.

Als Kind zeigte Nani ein außergewöhnliches Interesse an buddhistischen Ritualen. Sie liebte es, in Tempel zu gehen und den Mönchen Almosen zu geben. Obwohl Kinder während des Bettelgangs gewöhnlich von den Mönchen ferngehalten wurden, war es Nani aufgrund ihrer großen Begeisterung erlaubt, ihnen Nahrung und Almosen zu reichen, ihre Füße zu waschen und bei ihnen zu sitzen, während sie aßen.

Nani verbrachte viel Zeit alleine und suchte nicht die Gesellschaft anderer Kinder. Sie spielte häufig mit Puppen, aber sie liebte es vor allem, Buddhastatuen herzustellen. Während die meisten kleinen indischen Mädchen kochen spielten, bestand Nanis Phantasiewelt daraus, Essensgaben zu kreieren, Blumen für den Buddha zu sammeln, den Altar zu schmücken und religiöse Zeremonien durchzuführen. Das Anwesen der Baruas lag in der Nähe eines Sees mit einer farbigen Pagode, wo Nani häufig hinging, um ihre Gaben zu opfern. Sie erinnert sich daran, dass ihre Hingabe natürlich entstanden war und ihre Eltern sie in keiner Weise dazu angehalten hatten.

Nani war weder interessiert am Kochen, noch war sie eine begeisterte Esserin. Ihre ratlose Mutter versuchte meist vergeblich sie dazu zu bringen, eine normale Mahlzeit einzunehmen. Nani aß stattdessen lieber eine Frucht oder einen Keks. Oft fragte sie ihre Eltern mit Unverständnis, ob sie hungrig seien oder wie sich Hunger anfühle.

Ihr Wissensdurst war dagegen unersättlich. Obwohl es in ihrem Dorf unüblich war, dass Mädchen die Schule besuchten, ließ sich Nani nicht davon abhalten. Selbst wenn sie krank war und ihre Eltern sie dazu anhielten, zu Hause zu bleiben, stahl sie sich davon und ging zur Schule. Abends saß sie häufig mit ihrem Vater am Tisch und diskutierte mit ihm über Schultexte, wohingegen die meisten Kinder ihre Schulsachen nur selten mit nach Hause brachten.

Im damaligen Indien endete die Kindheit eines Mädchens bereits sehr früh. Mädchen, die das Glück hatten die Schule besuchen zu dürfen, mussten ihre schulische Ausbildung bereits nach Beendigung der Grundschule abbrechen. Nach indischem Brauch wurde Nani vor dem Einsetzen ihrer ersten Menstruation im Alter von zwölf Jahren von der Schule genommen und mit einem 25-jährigen Mann verheiratet. Ihr Verlobter Rajani Ranjan Barua war Ingenieur und stammte aus dem Nachbardorf Silaghata. Der Sitte entsprechend zog Nani umgehend nach der Hochzeitszeremonie zu ihren Schwiegereltern. Sie vermisste ihre Eltern schrecklich. Dann verließ sie ihr Ehemann bereits eine Woche nach der Hochzeit, um seiner Arbeit in Burma nachzugehen. Nani fühlte sich mit ihren fordernden Schwiegereltern allein gelassen und fürchtete sich vor ihnen. Nur gelegentlich durfte sie ihre Eltern besuchen.

Nach zwei unglücklichen Jahren reiste Nani im Alter von 14 Jahren mit dem Schiff nach Rangun (heute Yangon), wo für sie ein neues Leben in einem fremden Land mit einem

Mann beginnen sollte, mit dem sie vor zwei Jahren eine Woche zusammen war. Das schüchterne Mädchen vom Lande war geschockt von seiner neuen Umgebung. Rangun war ein lauter, seltsamer Ort mit einem Meer von unbekannten Gesichtern und einer Sprache, die sie nicht verstand. In der Anfangszeit fühlte sich Nani sehr einsam und sehnte sich stark nach ihrer Heimat und Familie zurück.

Das Eheleben brachte weitere Herausforderungen mit sich. Ihre Mutter und Tanten hatten sie zwar ausführlich über Haushaltführung informiert, nie jedoch über Geschlechtsverkehr. Ihr Ehemann war der Erste, der mit ihr darüber sprach – Nani war geschockt, nervös und empfand fürchterliche Scham. Im ersten Jahr des ehelichen Zusammenlebens fürchtete sie ihren Ehemann sehr. Rajani verhielt sich jedoch sehr einfühlsam und hilfsbereit, er bedrängte sie in keiner Weise. Allmählich begann sie ihm zu vertrauen und lernte ihn als einen besonderen, seltenen Menschen kennen. In den nächsten Jahren entwickelte sich eine tiefe Liebe zwischen Nani und Rajani. Später bezeichnete sie ihn häufig als ihren ersten Lehrer.

Ihre glückliche Beziehung wurde jedoch von einem schmerzhaften Problem überschattet. Die indische Tradition verlangt, dass eine junge Frau innerhalb des ersten Ehejahres ein Kind, vorzugsweise einen Sohn, zur Welt bringt. Die Jahre vergingen jedoch, ohne dass Nani schwanger wurde. Sie suchte eine Vielzahl Ärzte und Heiler auf, aber niemand konnte den Grund für die Kinderlosigkeit finden, die zu einer Quelle großer Scham und Sorge für sie geworden war. Glücklicherweise verhielt sich Rajani weiterhin liebevoll und geduldig, ohne sie jemals zu drängen oder dafür zu kritisieren, dass sie keine Kinder gebar.

Obwohl Rajani die Kinderlosigkeit akzeptierte, stellte sie für seine Familie und Nachbarn ein großes Problem dar. In der Sorge, dass Nani ihre Familie ruinieren könnte, lockten sie Rajani unter dem Vorwand eines Krankheitsfalles nach Chittagong zurück. Zu Hause angekommen, wurde Rajani darüber informiert, dass eine neue Frau auf ihn wartete und die Vorkehrungen für die Hochzeit getroffen seien. Rajani lehnte das Angebot ab. „Als ich Nani heiratete“, informierte er seine Verwandten, „sagte ich ihr nicht, dass sie Kinder bekommen müsse. Dies war keine Bedingung für unsere Heirat. Deshalb ist es nicht gerecht, sie jetzt zu verlassen.“

Rajani kehrte nach Burma zurück und sagte Nani, dass sie sich nie wieder darum sorgen müsse, Kinder zu bekommen. Er gab ihr den Ratschlag, jeden Menschen, dem sie begegnete, wie ihr eigenes Kind zu behandeln – ein Vorschlag, der sich Jahre später in bemerkenswerter Weise offenbaren würde.

Im Alter von 18 Jahren erfuhr Nani, dass ihre Mutter plötzlich gestorben war. Trotz eines warnenden Traums über den Tod ihrer Mutter war sie zutiefst bestürzt über die Nachricht. Sie hatte ihre Mutter nur zweimal gesehen, seit sie in Burma lebte. Der Kummer über den Verlust hielt mehrere Jahre an. Sofort nach dem Tod ihrer Mutter erkrankte Nani an Typhus. Die Krankheit wurde falsch diagnostiziert und fehlbehandelt, was dazu führte, dass sie mehrere Monate im Krankenhaus verbringen musste.

Nanis Mutter hinterließ einen 18 Monate alten Jungen namens Bijoy. Ihr Vater konnte sich nicht um den Jungen kümmern und bot Nani und Rajani an, ihren jüngsten Bruder als ihr eigenes Kind aufzuziehen. Bijoy wurde somit nach Rangun gesandt, um mit ihnen zu leben.

Nani und Rajani waren aktiv in der buddhistischen Gemeinde tätig. Sie lebten nach den fünf buddhistischen Richtlinien, die darin bestehen, nicht zu töten bzw. Leid zu verursachen, nicht zu stehlen, von sexuell verletzendem Verhalten, unnützen und verletzenden Worten und geistestrübenden Substanzen Abstand zu nehmen. Weiterhin führten sie tägliche Rituale wie das Rezitieren der Sutren durch, unterstützten jährlich zwei Gemeindefeste und spendeten den ansässigen Mönchen Almosen. Sie waren bekannt für ihre Großzügigkeit: sie zahlten die Schulgebühr für Kinder bedürftiger Eltern und öffneten ihr Haus als Zuflucht für

Obdachlose.

Vom Tag ihrer Ankunft in Rangun an verspürte Nani den starken Wunsch zu meditieren. Obwohl es für Frauen unüblich war, zu meditieren, bat sie Rajani wiederholt um Erlaubnis. Wenn sie ihn danach fragte, vertröstete er sie und schlug ihr gemäß der indischen Sitte vor, ihr spirituelles Leben auf einen späteren Zeitpunkt zu verschieben, wenn sie ihre hausfraulichen Pflichten beendet habe.

Obwohl sie die burmesische Sprache nicht beherrschte, fand Nani Mittel und Wege in ihrer zweiten Heimat eine buddhistische Ausbildung zu erhalten. Wann immer sie ein religiöses Buch in bengalischer Sprache fand, las und studierte sie es. Wegen anderer Bücher bediente sie sich der Hilfe ihres 13-jährigen Neffens Sunil, der für sie die klassischen buddhistischen Texte vom Burmesischen ins Bengalische übersetzte. Sunil war erstaunt über Nanis Studierfreude sowie ihr Erinnerungsvermögen. Jahre später, nachdem sie eine Reihe von psychologischen Tests durchlaufen hatte, fand man heraus, dass sie die Intelligenz eines Genies besaß.

Im Jahre 1941, Nani war mittlerweile 30 Jahre alt, wurde Burma von japanischen Truppen angegriffen und besetzt. Es war eine Zeit der Angst, des Mangels und der Not. Mit Ende des Krieges 1945 kehrte der mittlerweile erwachsene Bijoy nach Indien zurück, wo er seine eigene Familie gründete. Da das Haus leer und die Eltern verstorben waren, dachte Nani sich, dass nun endlich die Zeit gekommen war, mit Meditation zu beginnen.

Dann geschah ein Wunder: nachdem sie mehr als 20 Jahre versucht hatte schwanger zu werden, stellte Nani fest, dass sie ein Kind erwartete. Im Alter von 35 Jahren brachte sie mit großer Freude ein Mädchen zur Welt. Das Kind erkrankte jedoch drei Monate später und starb. Von Trauer überwältigt wurde Nani herzkrank.

Fünf Jahre später wurde sie durch eine erneute Schwangerschaft gesegnet. Das Kind war wieder ein Mädchen, sie nannte es Dipa. Während dieser Zeit erhielt Nani den Spitz-

namen „Dipa Ma“ oder „Die Mutter von Dipa“. Die Bedeutung von Dipa ist Licht, womit ihr neuer Name auch „Die Mutter des Lichtes“ bedeutete.

Dipa war ein gesundes Kind, als ihre Mutter erneut mit dem lange ersehnten Stammhalter schwanger wurde. Er starb bei der Geburt, was Dipa Ma in tiefe Trauer stürzte. In ihrer großen Verzweiflung forderte sie nun endlich ihr Recht ein, die Meditation zu erlernen. Erneut war ihr Ehemann der

Meinung, dass sie zu jung sei. Sie drohte damit, sich aus dem Haus zu schleichen, woraufhin Rajani und einige Nachbarn sie nicht mehr aus den Augen ließen. Die ständige Überwachung wurde bald überflüssig, da Dipa Ma an Bluthochdruck erkrankte und einige Jahre weder das Bett noch das Haus verlassen konnte. Sie akzeptierte die Tatsache, jeden Moment sterben zu können. Rajani übernahm die gesamte Pflege seiner Frau, während er weiterhin ganztägig als Ingenieur arbeitete. Die Situation wurde schließlich zu einer deutlichen Überforderung. Im Jahre 1957 kam er eines Abends von der Arbeit nach Hause und sagte seiner Frau, dass er sich nicht gut fühle. Er erlitt einen Herzinfarkt und starb innerhalb weniger Stunden.

Erwachen

„Was kann ich mitnehmen, wenn ich sterbe?“

Innerhalb von zehn Jahren verlor Dipa Ma zwei Kinder, ihren Ehemann sowie ihre Gesundheit. Mitte 40 war sie Witwe geworden und musste alleine eine sieben Jahre alte Tochter aufziehen. Ihre Eltern waren beide tot, Indien war weit weg und sie war überwältigt von Trauer und Verwirrung.

„Ich wusste nicht, was ich tun, wohin ich gehen und wie ich leben sollte. Ich hatte nichts und niemand, das ich hätte mein Eigen nennen können.“ Monate vergingen, Nani weinte unaufhörlich und hielt dabei ein Foto von Rajani im Schoß. In den nächsten Jahren verschlechterte sich ihre Gesundheit. Ihr Zustand war bedrohlich und die Meditation war ihre einzige Hoffnung zu überleben. Sie dachte über die Ironie ihrer Situation nach. Als sie jung und gesund war und unbedingt meditieren wollte, hatte man sie davon abgehalten. In ihrer jetzigen Situation mit der Verantwortung für ein Kind und in einem Zustand großer Erschöpfung, verzweifelt und dem Tode nahe spürte sie, dass sie keine andere Wahl mehr hatte. Ihr war klar, dass sie an gebrochenem Herzen sterben würde, wenn sie jetzt nichts an ihrem Geisteszustand veränderte. Sie stellte sich die Frage „Was kann ich mitnehmen, wenn ich sterbe?“ Sie blickte auf ihre Aussteuer, ihre seidenen Saris, ihren Goldschmuck und ihre Tochter. „Sosehr ich sie auch liebte, ich wusste, dass ich auch sie nicht würde mitnehmen können ... also ging ich zum Meditationszentrum. Vielleicht würde ich dort etwas finden, das ich mitnehmen könnte, wenn ich sterbe.“

Dipa Ma war am Tiefpunkt ihres Lebens angelangt – in dieser Situation erschien ihr der Buddha als leuchtende Präsenz im Traum. Mit sanfter Stimme sang er einen Vers des Dhammapada, der ursprünglich an einen trauernden Vater gerichtet war, der seinen Sohn verloren hatte:

Anhaften an dem, was dir lieb ist, bringt Sorgen,
Anhaften an dem, was dir lieb ist bringt Angst,
Jemand, der von Anhaftung vollkommen frei ist,
Für den gibt es keine Sorgen und keine Angst.

Als Dipa Ma wach wurde, war sie von Klarheit und Ruhe erfüllt. Sie wusste, dass der Zeitpunkt gekommen war, um mit der Meditation zu beginnen, unabhängig davon, in welchem gesundheitlichen Zustand sie sich befand. Sie hatte die Empfehlung des Buddha verstanden: um wirklichen Frieden zu finden, würde sie so lange praktizieren müssen, bis sie vollkommen frei war von Anhaftung und Sorge.

Obwohl sie ihr ganzes Leben lang buddhistische Rituale durchgeführt hatte, hatte sie kaum eine Ahnung davon, was die Meditationspraxis wirklich bedeutete. Intuitiv spürte sie jedoch eine starke Anziehung an diesen althergebrachten Pfad, der Freiheit von Leiden versprach. Im Unterschied zu Konzentrationspraktiken, wo die Aufmerksamkeit ein einziges Objekt fokussiert, wird die Aufmerksamkeit in der Vipassana-(Einsichts-)Meditation auf die ständig wechselnde Natur aller Erfahrungen gerichtet.

Einsicht bezieht sich in diesem Zusammenhang auf das klare Verstehen der drei Wesensmerkmale aller Erfahrungen: ihrer Vergänglichkeit, ihrer Unfähigkeit, bleibende Zufriedenheit zu schaffen, und das Fehlen eines unabhängigen Selbst. Der Buddha lehrte, dass uns Meditation die Möglichkeit bietet, die unser Leben begrenzenden Illusionen zu durchbrechen. Befreiung oder Erleuchtung liegt laut buddhistischer Lehre in dem Erfahren der wahren Natur unseres Daseins.

Dipa Ma traf Vorkehrungen für ihren Aufenthalt im Meditationszentrum Kamayut in Rangun. Alles, was ihr Mann ihr hinterlassen hatte – ihr Anwesen, ihren Schmuck, ihre materiellen Güter – übergab sie mit folgender Bitte ihrer Nachbarin: „Bitte nimm all meinen Besitz an dich und kümmere dich um Dipa." Sie rechnete nicht damit, nach Hause zurückzukehren. Sie glaubte, dass sie im Meditationszentrum sterben würde.

Dipa Mas erstes Retreat verlief nicht so, wie sie es sich vorgestellt hatte. Nachdem sie im Zentrum angekommen war, gab man ihr ein Zimmer und grundlegende Anleitungen für Meditation. Ihr wurde mitgeteilt, sich am nächsten Tag um vier Uhr in der Meditationshalle zu melden, wo sie über ihre Meditationspraxis berichten sollte. Sie begann in den frühen Morgenstunden zu praktizieren. Sie richtete ihre Aufmerksamkeit zunächst auf den Atem und öffnete ihr Gewahrsein dann weiterhin für die verschiedenen Phänomene, die in Körper und Geist erscheinen: Körperempfindungen, Gedanken und Emotionen. Im Verlaufe des Tages vertiefte sich ihre Konzentration. Am selben Nachmittag machte sie sich auf den Weg zur Meditationshalle, wo sie ihren Lehrer treffen sollte. Plötzlich blieb sie stehen und war unfähig weiter zu gehen. Sie wusste nicht, was geschehen war, und bemerkte lediglich, dass sie sich weder fortbewegen noch ihren Fuß anheben konnte. Leicht überrascht verharrte sie fünf bis zehn Minuten in dieser Postition, war aber nicht weiter beunruhigt. Schließlich schaute sie nach unten und stellte fest, dass sich ein Hund in ihr Bein verbissen hatte. Ihre Konzentration hatte sich bereits in den ersten Stunden ihrer Meditationspraxis derart vertieft, dass sie es nicht bemerkt hatte.

Aus dem Zustand tiefer Konzentration aufgerüttelt, rief Dipa Ma um Hilfe und versuchte ihr Bein zu befreien. Der Hund wollte nicht loslassen, aber schließlich gelang es einigen der Mönche ihn zu verjagen. Obwohl die Mönche ihr versicherten, dass der Hund keine Tollwut hatte, fürchtete Dipa Ma ihren Tod – welche Ironie, denn sie war ins Meditationszentrum gekommen, um hier zu sterben. Sie begab sich schließlich ins Krankenhaus, wo sie die erste einer Reihe von Tollwutimpfungen erhielt. Durch das Hin- und Herpendeln zwischen Krankenhaus und Meditationszentrum verpasste sie die tägliche Mahlzeit, die in der südostasiatischen Klostertradition vor zwölf Uhr mittags eingenommen werden muss. Bald war Dipa Ma derart geschwächt, dass die Mönche ihr rieten, sich zu Hause auszukurieren.

Dipa, die über den plötzlichen Weggang ihrer Mutter bestürzt gewesen war, ließ diese nicht mehr aus den Augen. Dipa Ma weinte häufig aus schierer Verzweiflung, sie hatte das Gefühl, ihre einzige Chance der Erleuchtung verpasst zu haben.

Sie führte ihre Meditationspraxis jedoch zu Hause fort. Sie nutzte die anfänglichen Anweisungen, die man ihr während ihres kurzen Retreats gegeben hatte, und meditierte mehre Jahre lang geduldig, wann immer es sich einrichten ließ. Sie hatte das Vertrauen zurückgewonnen, dass sich möglicherweise eine neue Gelegenheit bieten würde, um ins Retreat zu gehen.

Diese Gelegenheit ergab sich, als Dipa Ma erfuhr, dass Anagarika Munindra, ein buddhistischer Lehrer und Freund der Familie, in einem nahegelegenen Retreatzentrum lebte. („Anagarika" bedeutet soviel wie Haushaltloser oder jemand, der sein Zuhause verlassen hat, um den spirituellen Weg zu gehen). Sie lud ihn zu sich nach Hause ein und berichtete ihm während des Tees von ihren Meditationserfahrungen. Munindra ermutigte sie nach Thatana Yeiktha zu kommen, wo er unter der Anleitung des Ehrwürdigen Mahasi Sayadaw, dem bekanntesten Mönch, Gelehrten und Meditationsmeister Burmas seiner Zeit, seine eigene Praxis vertiefte. Dies war eine seltene Gelegenheit, die sich Dipa Ma bot: die Lehre eines großen Meisters erfahren zu dürfen und gleichzeitig in der eigenen Muttersprache unterrichtet zu werden. Zum selben Zeitpunkt kam ihre Schwester Hema mit ihrer Familie nach Burma. Ihre Tochter Dipa konnte somit bei ihrer Schwester leben, was Dipa Ma erneut die Möglichkeit verschaffte, ins Meditationszentrum zu gehen.

Dipa Ma begann ihr zweites Retreat in einem völlig veränderten Zustand – sie war weniger eilig und impulsiv und verfügte über eine neue Besonnenheit. Seit Rajanis Tod hatte sie unter starker Schlaflosigkeit gelitten; nun überkam sie plötzlich eine große Müdigkeit und es war ihr beinahe unmöglich, sich wach zu halten. Am dritten Tag trat sie jedoch in einen Zustand tiefer Konzentration ein und ihr Bedürfnis nach Schlaf und Nahrung verschwand völlig. Munindra war besorgt, dass ihre Konzentration aus dem Gleichgewicht geraten war, und bat sie deshalb Mahasis wöchentliche Vorträge zu besuchen. Obwohl sie kein Burmesisch verstand, ging sie Munindra zuliebe zu den Vorträgen.

Auf dem Weg zum abendlichen Vortrag erlitt Dipa Ma einen Schwächeanfall und bekam starkes Herzrasen. Sie ließ sich auf ihre Hände und Füße fallen und kroch auf allen vieren die Treppen der Meditationshalle hoch. Ohne etwas von dem Vortrag zu verstehen, setzte sie ihre Meditationspraxis fort. Am Ende des Vortrags war es Dipa Ma unmöglich aufzustehen, sie hatte das Gefühl in ihrer Sitzhaltung festzustecken. Durch die Tiefe ihrer Konzentration war ihr Körper steif und unbeweglich geworden.

In den darauf folgenden Tagen vertiefte sich Dipa Mas Meditationspraxis drastisch. In schnellem Tempo durchlief sie die klassischen Stufen der Einsicht, die nach den Lehren des Theravada-Buddhismus (Südostasien) der Erleuchtung vorangehen. Sie bewegte sich in strahlendem Licht und hatte das Gefühl, dass sich ihre Umwelt aufzulösen begann. Ihr Körper, der Fußboden, alles um sie herum zerfiel in winzige, leere Teilchen. Dies führte zu intensiven geistigen und körperlichen Schmerzen, die von einem quälenden Brennen und Zusammenschnüren in ihrem Körper begleitet waren. Sie hatte das Gefühl zu zerplatzen.

Dann geschah etwas Außergewöhnliches. Es war ein einfacher Moment – während Dipa Ma inmitten einer Gruppe von Meditierenden saß, fand ein spontaner Übergang statt, der so ruhig und zart war, dass es den Anschein hatte, als sei nichts geschehen. Von diesem leuchtenden Augenblick berichtete sie später lediglich, dass sie nicht gewusst habe, was geschehen sei. Dieser Moment verwandelte ihr Leben tiefgreifend und unwiderruflich.

Nachdem Dipa Ma drei Jahrzehnte nach innerer Freiheit gesucht hatte, erreichte sie nach sechs Tagen intensiver Meditationspraxis im Alter von 53 Jahren die erste Erleuchtungsstufe. Ihr Bluthochdruck normalisierte sich unmittelbar und ihr Herzrasen nahm ab. Sie konnte nun ohne Mühe die Treppen des Meditationszentrums hochsteigen und in jedem Tempo gehen. Wie es ihr der Buddha im Traum prophezeit hatte, verschwand die Trauer, die sie Tag und Nacht in sich getragen hatte. Ihre ständigen Sorgen lösten sich auf und sie blieb mit einem noch nie dagewesenen Gefühl von Gleichmut und dem klaren Wissen zurück, dass sie allen Herausforderungen des Lebens gewachsen sein würde.

Dipa Ma setzte ihre Praxis während der nächsten zwei Monate im Kloster Thatana Yeiktha fort und kehrte dann nach Rangun zurück. Im folgenden Jahr kam sie häufig ins Meditationszentrum. Während ihres nächsten Retreats erlebte sie bereits nach fünf Tagen Meditation einen weiteren Durchbruch. Die Entwicklung glich der während ihres vorherigen Retreats, mit dem Unterschied, dass sie noch mehr Schmerzen und Leiden durchmachte. Nachdem sie die zweite Erleuchtungsstufe erlangt hatte, veränderten sich ihr geistiger und körperlicher Zustand erneut; ihre Ruhelosigkeit verringerte sich und ihre körperlichen Abwehrkräfte nahmen zu.

Diejenigen, die Dipa Ma kannten, waren von ihrer Verwandlung fasziniert. Beinahe über Nacht hatte sie sich von einer kranken und von Trauer heimgesuchten Frau in ein gesundes, unabhängiges und strahlendes Wesen verwandelt. Dipa Ma sagte zu ihren Freunden: „Ihr habt mich gesehen. Ich hatte keinen Mut mehr und war am Boden zerstört, weil ich meinen Mann und meine Kinder verloren habe. Ich war sehr krank und habe wahnsinning gelitten. Ich konnte nicht einmal mehr richtig gehen. Und wie gefalle ich euch jetzt?

Meine Krankheit hat sich aufgelöst. Ich fühle mich wie neu geboren und mein Geist ist frei von Sorge und Trauer. Ich bin glücklich. Wenn ihr meditiert, werdet ihr auch glücklich sein. Es handelt sich hierbei nicht um Zauberei. Ihr müsst lediglich den Anweisungen folgen."

Von Dipa Ma inspiriert, begaben sich auch ihre Freunde und ihre Familie ins Zentrum und begannen zu meditieren. Die Ersten waren ihre Schwester Hema und ihre enge Freundin Khuki Ma. Obwohl Hema acht Kinder hatte, von denen fünf noch zu Hause lebten, nahm sie sich die Zeit, mit ihrer Schwester fast ein Jahr lang zu praktizieren. Später schlossen sich ihnen Dipa Mas Tochter Dipa und mehrere von Hemas Töchtern an. Sie boten einen ungewöhnlichen Anblick: zwei Frauen mittleren Alters und ihre jugendlichen Töchter meditierten inmitten der strengen, in Safran gekleideten Mönche. Die Meditationszentren beherbergten in der Regel keine weiblichen Praktizierenden und bei den Behausungen handelte es sich um einfache Zimmer, die sich in einer entlegenen Ecke des Zentrums befanden. Hemas Tochter Daw Than Myint erinnerte sich, dass sie durch Büsche den Hügel hinaufklettern musste, um ihren Interviews mit Munindra nachzugehen.

Während der Schulferien hatten Dipa Ma und Hema zeitweise bis zu sechs Kinder bei sich. Trotz der familiären Atmosphäre gab es strenge Regeln. „Wir aßen in Stille zusammen", erinnert sich Daw Than Myint, „und wir sahen uns dabei nicht an. Es war sehr ungewöhnlich!" Während dieses außergewöhnlichen Jahres Praxis erlangten alle sechs Kinder des Barua-Klans, vier Mädchen und zwei Jungen, mindestens die erste Erleuchtungsstufe. Die große Hingabe an die Meditation ihrer jungen Tochter erfreute Dipa Ma besonders, denn sie wollte ihr etwas von bleibendem Wert mit ins Leben geben. Wieder und wieder bekräftigte sie, dass Meditation der einzige Weg sei, Frieden zu erlangen.

Dipa Mas Schwester Hema besaß ebenfalls eine große Gabe für die Meditation und erlangte ich kürzester Zeit die gleiche Stufe wie ihre Schwester Dipa Ma. Daw Than Myint erinnerte sich der kraftvollen Wirkung, die die Meditation auf ihre Mutter hatte:

Als ich aus den Schulferien nach Hause kam, war meine Mutter nicht da, um mich zu begrüßen. Das war sehr ungewöhnlich, da sie nie lange von zu Hause wegblieb. Meine Schwestern und Brüder berichteten mir, dass sie im Meditationszentrum sei. Als ich ins Meditationzentrum kam, sah ich sie besänftigt und ruhig neben Munindra sitzen, ohne dass sie meine Anwesenheit wahrnahm. Ich war beeindruckt. Ich wünschte mir einen solchen Zustand von Losgelöstheit. Wenn Meditation die Kraft hatte, meine Mutter zu verändern, musste sie sehr wirksam sein und so beschloss ich, ebenfalls zu meditieren. Natürlich fand ich später heraus, dass es bei der Meditation nicht darum geht, ruhig und besänftigt zu sein.

Leider waren nicht alle Familienmitglieder so begeistert von Hemas Veränderungen:

Mein Vater war verärgert darüber, dass sie die Hausarbeit nicht erledigte; alles, was sie tat, war sitzen, sitzen und abermals sitzen und so drohte er damit, dem Ehrwürdigen Mahasi Sayadaw davon zu berichten. „Gut", sagte meine Mutter. Als er mit Sayadaw sprach, überzeugte dieser ihn davon, ebenfalls mit der Meditationspraxis zu beginnen. Bald erlangte er Einsicht und regte sich nie wieder darüber auf, dass meine Mutter zu viel meditierte.

1965 betrat Dipa Ma eine neue Dimension der spirituellen Praxis. In Anbetracht der Rückkehr Munindras nach Indien, „dem Land der Siddhis" bzw. der übersinnlichen Kräfte, riet der Ehrwürdige Mahasi Sayadaw seinem Schüler, etwas über die Siddhis zu lernen. Er wollte ihn in die Praxis der übersinnlichen Kräfte einweisen. Munindra war jedoch zu sehr mit Lehren beschäftigt und beschloss, einige seiner Schülerinnen auszubilden. Er betrachtete es als Experiment und wollte beweisen, dass die Siddhis wirklich existierten. Zu diesem Zweck wählte er seine besten Schüler aus: Dipa Ma und ihre Familie. Er unterrichtete sie gemäß der Visuddhimagga (Weg der Befreiung). Munindra wusste, dass die übersinnlichen Kräfte eine große Anziehungskraft ausüben, und dass weiterhin eine deutliche Gefahr des Missbrauchs dieser Kräfte besteht, wenn dem Schüler die moralische Reife fehlt. Er wählte Dipa Ma aus, weil sie neben ihrer außergewöhnlichen Konzentrationsfähigkeit über ein unfehlbares moralisches Verhalten verfügte.

Dipa Ma, Hema und drei ihrer Töchter wurden in die verschiedenen übersinnlichen Praktiken eingeführt: die Praxis der Entmaterialisierung, Körper-Verdopplung, Zubereitung von Essen ohne Feuer, Gedankenlesen, Zeitreisen, Wissen über vorherige Leben. Dipa Ma war die geschickteste und auch spielerischste von Munindras Schülerinnen. Sie erschien zu ihren Interviews mit Munindra, indem sie durch Wände ging oder spontan aus dem Nichts auftauchte. Sie lernte nach Belieben mit den verschiedenen Geistesfähigkeiten zu spielen und beherrschte alle fünf Kategorien der übersinnlichen Kräfte (siehe Seite 89).

Nachdem Munindra 1966 nach Indien gegangen war, entstand eine große Nachfrage nach Dipa Mas Meditationsanleitungen und sie begann in Rangun zu lehren. Mit großer Freude teilte sie ihren selbst erlangten Frieden und ihre Erfahrungen mit anderen und überzeugte viele Freunde und Verwandte, mit ihr zu praktizieren.

Dipa Mas erste offizielle Schülerin war ihre Nachbarin Malati Barua. Sie war Witwe und zog alleine sechs kleine Kinder auf. Malati war eine große Herausforderung für Dipa Ma: sie hatte den starken Wunsch zu meditieren, konnte aber aufgrund ihrer Kinder das Haus nicht verlassen. Dipa Ma war der tiefen Überzeugung, dass Erleuchtung in jeglicher Umgebung stattfinden kann. Sie dachte sich also neue

Wege der Praxis aus, die ihre Schülerin zu Hause ausführen konnte. Eine dieser Praktiken bestand darin, die Saugempfindungen an ihrer Brust während der gesamten Stillzeit mit vollständiger Geistespräsenz unentwegt zu beobachten und zu benennen. Das Stillen nahm mehrere Stunden täglich in Anspruch, und wie Dipa Ma gehofft hatte, erlangte Malati die erste Erleuchtungsstufe, ohne jemals ihr Haus verlassen zu haben.

Damit begann Dipa Mas Karriere, Laien zu unterrichten und ihnen dabei zu helfen, inmitten der Geschäftigkeit ihres Alltags Weisheit zu entwickeln.

Unerschütterlicher Frieden

„Ihr seid alle meine Dharma-Kinder."

1967 forderte die burmesische Regierung alle Ausländer, einschließlich indische Immigranten auf, das Land zu verlassen. Dipa Ma befand sich in der schwierigen Lage entscheiden zu müssen, ob sie bleiben oder gehen sollte. Die Mönche versicherten ihr, dass sie als Meditationslehrerin eine Sondergenehmigung bekommen würde, die ihr und ihrer Tochter erlauben würde in Rangun zu bleiben. Dies war eine noch nie dagewesene Ehre für eine Ausländerin, vor allem für eine Frau und allein erziehende Mutter.

Sie überdachte die Möglichkeit in Burma zu bleiben. Die politische Situation, vor allem in Rangun, spitzte sich jedoch immer mehr zu. Ihre Sorge um Dipas schulische Ausbildung führte sie schließlich zu dem Entschluss, dass es Zeit sei, das Land zu verlassen. Dipa würde in Indien Kontakt zu ihren Wurzeln aufnehmen und eine höhere Bildung in ihrer bengalischen Muttersprache beginnen können. Sie zogen zu Verwandten in einen Vorort von Kalkutta (heute Kolkata). Dipa Ma vermisste die Gesellschaft gleichgesinnter Menschen in ihrer neuen Umgebung und lud die Frauen ihrer Nachbarschaft dazu ein, mit ihr zu praktizieren. Diese zeigten allerdings kein Interesse an Meditation.

Ein Jahr später zogen Mutter und Tochter in eine winzige Wohnung, die sich in einem alten Haus oberhalb einer Metallschleiferei im Zentrum der Altstadt von Kalkutta befand. Die Küche hatte die Größe eines Einbauschranks (drei mal sechs Fuß) mit einem Holzkohleofen auf dem Boden. Es gab kein fließendes Wasser (Wasser musste vier Stockwerke hinaufgetragen werden) und die Gemeinschaftstoilette wurde von mehreren Familien geteilt. Dipa Ma schlief auf einer dünnen Strohmatte. Obwohl sie staatliche Zuschüsse für den Besuch der Universität erhielt, hatten Dipa und ihre Mutter kein festes Einkommen und waren somit auf die freundliche Unterstützung mehrerer Familienmitglieder angewiesen.

Allmählich verbreitete sich in der bengalischen Gemeinde die Neuigkeit, dass eine verwirklichte Meditationslehrerin, eine die „Ergebnisse bringen" würde, aus Burma gekommen war. Obwohl viele Familien buddhistische Rituale durchführten, war die Meditation dem durchschnittlichen Laien immer noch fremd. Dipa Ma bot etwas Neuartiges an: eine wirkliche spirituelle Praxis. So erschien eine Hausfrau nach der anderen an Dipa Mas Türschwelle.

Sie bot schwierige, aber gleichzeitig effektive Übungen für Menschen an, die inmitten ihres bewegten Alltags meditieren wollten. Dipa Ma lehrte ihre Schüler, jeden Moment als Möglichkeit der Praxis zu nutzen. Achtsamkeit könne bei jeder Aktivität angewandt werden: beim Sprechen, Bügeln, Kochen, Einkaufen und der Versorgung der Kinder. „Der gesamte Pfad der Achtsamkeit," wiederholte sie unermüdlich, „besteht darin: Was immer du tust, sei dir dessen gewahr." Dipa Ma hatte großes Vertrauen in die Kraft der alltäglichen Praxis, einer ihrer Bewunderer nannte sie deshalb „die Schutzheilige der Laien". Wenn man sie nach dem Unterschied zwischen formaler Praxis und Praxis im Alltag fragte, betonte sie mit Nachdruck: „Man kann die Meditation nicht vom alltäglichen Leben trennen."

Alles, was sie von ihren Schülern verlangte, praktizierte sie selbst, und weit mehr: sie lebte gemäß den fünf ethischen Richtlinien, schlief lediglich vier Stunden und meditierte mehrere Stunden täglich. Sie erwartete von ihren Schülern, dass sie zweimal wöchentlich über ihre Praxis berichteten und jedes Jahr Zeiten des Rückzugs einlegten. Während die meisten Bewohner Kalkuttas das Diskutieren und Reden liebten, blieb Dipa Ma häufig still und sprach lediglich wenige Sätze, wenn sie unterrichtete. Ihren Schülern war es auf diese Weise möglich, Zuflucht in die Stille und den unerschütterlichen Frieden zu nehmen, den sie verkörperte. „Sie war einer der wenigen Menschen in meinem Leben, in deren Gegenwart ich zur Ruhe kam," erinnerte sich einer ihrer Schüler. „In ihrem Schweigen zu verweilen war wie unter einem großen, schattigen Baum zu liegen."

Die Ein-Zimmer-Wohnung der Familie diente Dipa Ma, ihrer Tochter und deren Sohn Rishi, der während dieser Zeit geboren wurde, als Schlaf- und Wohnzimmer. Außerdem unterrichtete sie hier ihre Schüler, Inder und Abendländer, die vermehrt zu Dipa Ma kamen. Manchmal war ihr Zimmer so vollgestopft mit Schülern, dass sie draußen im Gang und auf dem Balkon stehen mussten. Trotz des andauernden Stroms von Besuchern, die vom frühen Morgen bis spät in die Nacht zu ihr kamen, wies sie niemals einen Menschen zurück, egal wie müde sie auch war. Wenn ihre Tochter sie drängte, sich mehr Zeit für sich zu nehmen, bestand Dipa Ma darauf: „Sie sind hungrig nach dem Dharma, also lass sie kommen."

Selbst ordinierte Mönche suchten sie als Lehrerin auf. Der Ehrwürdige Rastrapala Mahathera, der zu diesem Zeitpunkt 18 Jahre Mönch war, erinnert sich daran, dass einige seine Lehrerwahl missbilligten und sich wunderten, warum er unter der Leitung einer Frau praktizierte, nachdem er seinen Doktortitel erhalten hatte. „Ich kenne den Weg nicht," erklärte er, „aber sie kennt ihn, und deshalb werde ich ihre Hilfe in Anspruch nehmen. Ich betrachte sie nicht als Frau, sondern allein als meine Lehrerin." Er unternahm ein Retreat unter ihrer Anleitung und erfuhr für sich selbst, worüber er 18 Jahre nur gelesen hatte. Dipa Ma gab ihm ihren Segen zu lehren und sechs Monate später, 1970, gründete er das erste Zentrum für Einsichtsmeditation in Indien, das bekannte International Meditation Center in Bodh Gaya.

Dipa Mas Tochter beobachtete vielfältige Veränderungen unter den Schülern ihrer Mutter. Als sie mit der Meditationspraxis anfingen, waren sie rastlos, ärgerlich, geschwätzig und sprachen grob. Nach einigen Monaten Praxis ließ dieses Verhalten nach. Männliche Schüler, die zuvor Fische und Tiere getötet hatten, gaben unter Dipa Mas Einfluss das Jagen auf.

Jack Engler, der Mitte der 70er Jahre nach Indien ging, um seine Meditationspraxis zu vertiefen und seine Doktorarbeit über buddhistische Meditation zu vollenden, bemerkte, dass sogar Menschen, die nur in Dipa Mas Nähe wohnten, von ihrer Gegenwart beeinflusst wurden:

> *Als sie in das Wohnhaus zog, war es ein sehr lauter Ort mit jeder Menge Zank, Disput und Geschrei unter den Bewohnern, was durch den offenen Innenhof noch verstärkt wurde. Jeder kannte die Angelegenheiten des anderen, da sie ständig hin und her geschrien wurden. Innerhalb von sechs Monaten nach ihrem Einzug war der gesamte Ort zur Ruhe gekommen und die Menschen begannen zum ersten Mal miteinander auszukommen. Ihre Gegenwart und die Art und Weise, wie sie mit Menschen umging – ruhig, freundlich, ihnen mit Liebenswürdigkeit und Respekt zugewandt, Grenzen setzend und wenn nötig ihre Verhaltensweisen in Frage stellend, motiviert von Interesse am Wohlergehen aller Wesen und nicht motiviert von Ärger oder egoistischen Interessen –, setzte sie ein Beispiel und machte es unmöglich, in der wütenden und streitsüchtigen Weise wie vorher fortzufahren. Es war lediglich die Kraft ihrer Gegenwart: es war unmöglich sich in der gleichen Art wie zuvor in ihrer Nähe zu verhalten. Es war schier unmöglich.*

Joseph Goldstein war der erste amerikanische Schüler, der mit Dipa Ma zusammentraf. Er war Munindra 1967 während seines Aufenthalts im burmesischen Meditationszentrum in Bodh Gaya begegnet. Munindra erzählte Joseph später, dass er jemand Außergewöhnliches kenne, den er ihm vorstellen wolle. Er brachte ihn zu Dipa Ma. Ihre Verbindung entwickelte sich zu einer liebevollen Mutter-Kind-Beziehung, die bis zu ihrem Tod 20 Jahre später anhielt. Joseph erinnerte sich an einen seiner ersten Besuche in ihrer Wohnung:

Um zu ihrem kleinen Zimmer im Dachgeschoss zu gelangen, musste man einen engen, düsteren Gang entlanggehen und dann viele dunkle Treppen hinaufsteigen. Als man dann endlich in ihrer Wohnung ankam, war sie erfüllt von Licht. Es war ein wunderbares Gefühl. Und als ich wieder fortging, war es, als ob ich durch die Straßen von Kalkutta, den Dreck und die Massen schweben würde. Es war eine zauberhafte und magische Erfahrung.

In den frühen 70er Jahren machte Joseph seine Freundin Sharon Salzberg mit Dipa Ma bekannt. Es entstand eine ähnlich lang anhaltende Verbindung zwischen ihnen. Dipa Ma nahm beide, Sharon und Joseph, wie ihre eigenen Kinder an. Sharon erinnert sich daran, dass Dipa Ma ein Fotoalbum von ihnen anlegte. Sie tranken gemeinsam Tee, schauten sich die Bilder an und sprachen über Dharma. Sharon und Joseph erinnern sich an Dipa Ma als „den liebevollsten Menschen, dem sie je begegnet sind".

Jack Kornfield, der Dipa Ma in den späten 70er Jahren begegnete, denkt an sein erstes Zusammentreffen mit Dipa Ma zurück:

Ich war eine Zeit lang Mönch gewesen und war es gewöhnt, mich vor spirituellen Lehrern zu verbeugen. Also begann ich mich vor ihr zu verneigen. Ich kam mir etwas komisch dabei vor, denn sie war keine Nonne, sondern Laiin. Sie hob mich vom Boden auf und gab mir eine dicke Umarmung, auf diese Art und Weise begrüßte sie mich jedes Mal, wenn ich später zu ihr kam. Es war wundervoll. Es war, als ob sie sagen wollte: „Lass dieses Verbeugungsgehabe sein, ich bin nicht die große Lehrerin und wir müssen kein großes Ding daraus machen." Lediglich eine dicke Umarmung.

Jack, Joseph und Sharon, die heute alle in Amerika lehren,

berichteten ihren eigenen Schülern von Dipa Ma. Diese wiederum erzählten anderen von ihr, die erneut anderen Menschen von Dipa Ma berichteten. Dipa Ma war eine Kuriosität für ihre westlichen Schüler: körperlich war sie fast unsichtbar, eine zerbrechliche, kleine, alte Frau, die wie „ein kleiner Käfer in Baumwolle eingewickelt" aus ihrem weißen Sari herausschaute, wie es jemand ausdrückte. Spirituell dagegen war sie eine Gigantin. In ihre Gegenwart zu treten war, als ob man in ein Kraftfeld trat, in dem magische Dinge geschehen konnten: Wahrnehmungsveränderungen, telepathische Verständigung sowie spontane Zustände von tiefer Konzentration.

Im Jahre 1980 und erneut 1984 luden Jack, Joseph und Sharon Dipa Ma ein, um das alljährliche Drei-Monats-Retreat in der Insight Meditation Society zu halten. Obwohl Dipa Ma bereits 69 Jahre alt und von schlechter Gesundheit war und außerdem nicht gerne flog, erklärte sie sich bereit, die weite Reise nach Amerika auf sich zu nehmen. Sie brachte ihre Tochter, ihren Enkelsohn und einen Übersetzer mit.

Der Kulturschock war enorm für die indischen Besucher. Alltägliche Dinge wie zum Beispiel die Tatsache, dass Badewasser aus einem Duschkopf herauskommt, dass Hunde im Haus leben und aus einem Napf fressen, dass Kornflakes und Milch mit einem Löffel gegessen werden, dass Automaten auf der Straße Geld ausspucken, wenn man auf einen Knopf drückt, waren ihnen völlig fremd. Sharon Salzberg erzählte folgende Anekdote:

Dipa Ma führte ein einfaches Leben und die westliche Technologie war ihr gänzlich unbekannt. Als sie zum ersten Mal nach Amerika kam, zeigten wir ihr Einkaufsläden und verschiedene andere Dinge. Wir brachten sie damals zu einem der ersten Geldautomaten. Sie wartete vor dem Bankgebäude, während wir unsere Sachen erledigten. Sie stand kopfschüttelnd da und sagte: „Oh, wie traurig, es ist so traurig." Wir fragten sie, was so traurig sei, und sie antwortete: „Der arme Mensch, der den ganzen Tag hinter der Wand sitzen muss, ohne Licht und ohne Luft, und ihr steckt die Karte hinein, er liest sie und händigt euch das Geld aus."

Wir erwiderten: „Nein, nein, niemand ist hinter der Wand, es ist lediglich ein Prozess, der stattfindet. Und sie antwortete: „Ah, das ist wie Anatta (das Fehlen eines unabhängigen Selbst)." Und wir sagten: „Richtig." Und sie begann die Lehre von Anatta darzulegen. Sie betonte nicht nur das Fehlen eines unabhängigen Selbst, das in irgendeiner Form die Kontrolle über diesen menschlichen Prozess hat und versucht Körper und Geist gemäß seiner Launen und Wünsche zu steuern. Sie sprach auch von dem großartigen Gefühl von Verbundenheit, Transparenz und Einssein, das entsteht, wenn wir tief, tief nach innen schauen.

Obwohl es für Dipa Ma neu und ungewohnt war, auf einem Podium zu sitzen und vor einer Menschenmenge in ein Mikrophon zu sprechen, versuchte sie ihre amerikanischen Schüler bestmöglich zu versorgen. Da sie nicht an das kalte Wetter Neuenglands gewöhnt war, kam sie nach der Beschreibung eines Schülers wie folgt in die Meditationshalle: „Sie war derart in Mäntel und Schals eingewickelt, dass man nicht wusste, wer oder was kam." Sie liebte es, ihre Schüler mit den Worten zu begrüßen: „Ihr seid alle meine Dharma-Kinder, ich konnte eure Bitte nach Amerika zu kommen nicht abschlagen."

Auch wenn sie aufgrund gesundheitlicher Schwierigkeiten nach ihrem Besuch 1984 nicht in die Vereinigten Staaten zurückkehrte, setzte sie das Lehren bis zu ihrem Tode fünf Jahre später in ihrer Wohnung in Kalkutta fort. Sie starb am Abend des ersten September 1989 im Alter von 78 Jahren. Ihr Tod kam unerwartet. Als Dipa an jenem Abend von der Arbeit nach Hause kam, fühlte sich ihre Mutter nicht gut. Dipa fragte sie, ob sie einen Arzt rufen solle. Dipa Ma willigte zögernd ein, worauf sich ihr Nachbar Sandip Mutsuddi auf die Suche machte, den Arzt jedoch nicht ausfindig machen konnte. Als Sandip zurückkam, setzte er sich neben Dipa Ma und begann ihren Arm zu massieren. Er erinnerte sich:

> *Dann bat mich Ma ihren Kopf zu berühren. Ich legte meine Hand auf ihren Kopf und fing an die Sutren zu rezitieren, die sie mir beigebracht hatte. Als sie mich singen hörte, verneigte sie sich mit gefalteten Händen vor dem Buddha und richtete sich nicht wieder auf. Also halfen wir beide ihr nach oben und stellten fest, dass sie aufgehört hatte zu atmen. Sie war in ihrer Verneigung zum Buddha gestorben. Ihr Gesicht strahlte Ruhe und Frieden aus.*

Fast 400 Menschen kamen zu Dipa Mas Beerdigung, die vier Tage später stattfand. Ihr Körper lag auf einer offenen Bahre. Ihre Schüler gingen einer nach dem anderen an ihr vorbei und legten Blumenkränze auf den Körper ihrer Lehrerin, bis sie vollständig mit Blumen bedeckt war.

Reise der Verwandlung

Über die eigenen Grenzen hinaus

„Du kannst alles erreichen, was du dir vornimmst."

Wie am Beispiel von Dipa Mas Leben deutlich wird, ist der spirituelle Pfad eine Reise der Verwandlung, in der die bestehenden Überzeugungen und selbstgesetzten Grenzen des Geistes immer wieder herausgefordert werden. Die Aufgabe eines Lehrers ist es, seine Schüler über die eigenen Grenzen hinauszuführen, ihnen zu zeigen, dass mehr möglich ist, als sie denken, und sie dazu zu bringen, jede Idee von „Ich kann nicht" zu verwerfen. Denn wer ist das „Ich“, das nicht kann, und ist das „nicht können“ nicht lediglich ein Konstrukt des Geistes? Dipa Ma hatte durch die Entwicklung ihrer eigenen Kräfte gesehen, dass es keine geistigen Grenzen gibt. Manchmal war sie in ihren Anleitungen und Empfehlungen grenzenlos, andere Male blieb sie in einer ruhigen und gleichzeitig steten Art und Weise unnachgiebig. Sie führte ihre Schüler direkt an die eigenen Grenzen und bestand darauf, dass sie über diese hinausgingen. Sie lehrte, dass „über die eigenen Grenzen hinausgehen“ in der einfachen Bereitschaft bestehen kann, sich zu öffnen und die Dinge immer wieder entstehen und vergehen zu lassen.

Die Reise der Verwandlung beinhaltet jedoch mehr als das tapfere Bemühen, über die eigenen Grenzen hinauszugehen. Wir müssen unsere Bemühungen, Absichten und Energien in ein Gleichgewicht bringen. Dipa Ma sagte häufig: „Wenn ihr praktiziert, um ein Ergebnis zu erzielen, wird es zu einem Hindernis werden.“ Das Verlangen nach Befreiung ist dennoch Verlangen und stellt eines der wesentlichen Hindernisse auf dem spirituellen Pfad dar. An einer bestimmten Stufe des Weges ist Eifer hilfreich und bringt uns voran; an einem anderen Punkt kann Eifer zu einem Hindernis werden. Wir müssen lernen zu erkennen, wann unser Bemühen zu einem Hindernis wird. Mit dem zu sein, was gerade geschieht, ohne aufzugeben, ist manchmal alles, was möglich ist.

U Pandita Sayadaw, ein strenger burmesischer Mönch, hielt uns westliche Schüler regelmäßig dazu an, „ohne Rücksicht auf Körper und Leben zu praktizieren“. Der Meditationslehrer Howard Cohn bemerkte, dass sich Dipa Mas Stil geringfügig, aber entscheidend von U Panditas Stil unterschied: „Praktiziere ohne Rücksicht auf Körper und Leben – und mit all der Liebe deines Herzens.“ Dipa Ma vervollkommnete eine reife Form des Bemühens, eine, die Stärke und Leichtigkeit, das Männliche und das Weibliche integriert. Praxis verlangt mehr als eine eifrige, kriegerische Haltung. Sie verlangt, dass wir Mitgefühl und Liebe in uns finden. Wir können wie Dipa Ma praktizieren, mit kindlicher Neugier, die in ihrer Wahrhaftigkeit und Aufrichtigkeit unbesiegbar ist.

Der Meditationslehrer Steven Smith bemerkte in diesem Zusammenhang: „Dipa Mas Art des Bemühens hatte eine wundersame Qualität. Für Dipa Ma stellte jegliche Erfahrung ein Abenteuer dar; die ganze Nacht hindurch zu praktizieren betrachtete sie zum Beispiel als Abenteuer. Sie zeigte uns, dass die Motivation für die Praxis von dem Wunder eines jeden Moments ausgehen kann."

„Sie lehrte mich, dass Achtsamkeit nicht etwas ist, wofür man kämpfen muss," bestätigte die Schülerin Sharon Kreider. „Achtsamkeit ist immer da und zu jeder Zeit abrufbar. Ich muss sie nicht erwerben. Achtsamkeit beinhaltet einfach mit dem zu sein, was ist, so wie es entsteht, zu jeder Zeit."

Für viele westliche Schüler ist das Ausbalancieren zwischen eifrigem Bemühen und Gelassenheit, Freundlichkeit und mitfühlender Akzeptanz die größte Herausforderung der Praxis.

Praktiziere jeden Moment

> Als mich Dipa Ma über meine Praxis befragte, erzählte ich ihr, dass ich täglich morgens und abends meditierte und den Rest des Tages arbeitete. Dann erkundigte sie sich nach den Wochenenden. Ich kann mich nicht mehr genau erinnern, was ich antwortete, aber sie sagte: „Es stehen dir also zwei freie Tage zur Verfügung, du solltest den ganzen Samstag und Sonntag praktizieren." Dann gab sie mir eine strenge Lektion darin, wie ich meine Zeit besser einteilen könnte. Ich habe diese Lektion niemals vergessen: es ist möglich zu jeder Zeit zu praktizieren.
>
> Bob Ray

Sei nicht faul

Das letzte Mal, als ich Dipa Ma vor ihrem Tod begegnete, sagte sie mir, ich solle zwei Tage lang meditieren. Sie sprach nicht von einem Zwei-Tages-Retreat, sondern von einer zweitägigen Meditation ohne Unterbrechung. Ich musste lachen; es erschien mir vollkommen unmöglich. Mit unvergleichbarem Mitgefühl sagte sie einfach: „Sei nicht faul."

Joseph Goldstein

Was sind unsere Grenzen?

Als Dipa Ma 1984 zum Drei-Monats-Retreat in die Insight Meditation Society kam, bildeten Joseph und Sharon sowie Dipa Ma und ich jeweils ein Unterrichtsteam. Während des gesamten Vormittags führten wir Interviews und aßen dann gemeinsam zu Mittag. Danach ging Dipa Ma in ihr Haus auf der gegenüberliegenden Straßenseite und ich ging in mein Zimmer, um mich auszuruhen, bevor wir am Nachmittag mit dem Unterrichten fortfuhren. Kurz bevor ich meinen geliebten Mittagsschlaf hielt, schaute ich aus dem Fenster und sah Dipa Ma, wie sie draußen Gehmeditation praktizierte. Sie war krank in diesem Jahr und es war kalt und schneite. In ihrem weißen Sari ging sie im Schnee auf und ab; eine alte Frau mit einem Herzfehler.

Ich blickte aus dem Fenster, sah Dipa Ma, schaute auf mein Bett und blickte wieder zu Dipa Ma ... Ich hatte das Gefühl, meine Grenzen achten zu müssen. Ich wusste, dass ich zu diesem Zeitpunkt nicht fähig war, nach draußen zu gehen und Gehmeditation zu praktizieren. Aber ich spürte große Wertschätzung für ihre Praxis und erkannte den deutlichen Unterschied. Ihre unfehlbare Hingabe mit dem Ziel vollkommene Freiheit zu erfahren machte sie stark. Es handelte sich um eine gänzlich sanfte und liebevolle Stärke. Sie hörte niemals auf zu praktizieren. Ihre Hingabe zu beobachten und festzustellen, dass ihre Handlungen nicht von Aversion oder Anhaftung motiviert zu sein schienen, war eine umwerfende Erkenntnis für mich. Ich vergegenwärtigte mir diese Erkenntnis und hielt anschließend mein Mittagsschläfchen.

MICHELE McDONALD-SMITH

Nur Gedanken halten dich zurück

1974 machte ich einen Zwischenstopp in Kalkutta, um Dipa Ma auf Wiedersehen zu sagen. Ich erzählte ihr: „Ich gehe zurück nach Amerika, um meine Gesundheit auf Vordermann zu bringen und ein wenig Geld zu verdienen, ich werde bald wieder zurück sein." Sie schüttelte den Kopf und bestand darauf: „Nein, wenn du nach Amerika zurück kommst, wirst du mit Joseph Meditation lehren."

Ich sagte: „Nein, das werde ich nicht," und sie antwortete: „Doch, das wirst du", und ich erwiderte erneut: „Nein, das werde ich nicht tun." Schließlich blickte sie mir einfach in die Augen und erklärte: „Du kannst alles tun, was du willst. Es sind nur deine Gedanken, die dir sagen, dass du es nicht kannst und dich zurückhalten." Sie fügte hinzu: „Du solltest lehren, denn du verstehst wirklich, was Leiden bedeutet."

Sie schickte mich mit ihrem Segen zurück nach Amerika. Das war vor 28 Jahren und sie hatte Recht.

SHARON SALZBERG

Du hast genügend Zeit

„Als Laie hast du genügend Zeit,“ sagte Dipa Ma. „Sehr früh am Morgen kannst du zwei Stunden für die Meditation einrichten und spät abends kannst du weitere zwei Stunden praktizieren. Lerne mit vier Stunden Schlaf auszukommen. Es besteht keine Notwendigkeit mehr als vier Stunden zu schlafen.“

Von diesem Tag an reduzierte ich meinen Schlaf. Manchmal meditierte ich bis Mitternacht, oder ich stand am frühen Morgen gegen zwei oder drei Uhr auf, um zu meditieren. Ma wies uns darauf hin, dass wir achtsam mit unserer Gesundheit umgehen müssten, um in der Praxis fortfahren zu können. Weiter lehrte sie uns, dass das Einhalten der fünf ethischen Richtlinien unsere Gesundheit aufrechterhielte.

Pritimoyee Barua

Tue, was immer du kannst

Ich fragte Nani (Dipa Ma): „Ich habe gehört, dass du Vipassana lehrst. Was ist das?“

Sie gab mir einige Erklärungen über Vipassana und sagte: „Ich war einst wie du und es gab enorm viel Leiden in meinem Leben. Ich bin der festen Überzeugung, dass du frei werden kannst.“ Ich erzählte ihr: „Ich habe so viele Sorgen mit meiner Mutter und meinem Sohn, und außerdem muss ich mich um meine Familie kümmern und leite ein großes Bäckereigeschäft. Ich kann unmöglich Vipassana praktizieren.“

„Wer sagt das? Wenn du an deinen Sohn oder deine Mutter denkst, denke mit Achtsamkeit an sie. Wenn du deine Hausarbeit erledigst, sei dir bewusst, was du tust. Als menschliches Wesen wird es dir niemals möglich sein, alle deine Probleme zu lösen. Begegne den Dingen und dem Leiden in deinem Leben mit Achtsamkeit."

„Aber zwischen der Bäckerei und Familie ist es unmöglich auch nur fünf Minuten freie Zeit für die Meditation zu finden."

„Wenn es dir gelingt, fünf Minuten täglich für die Meditation zu finden, dann nutze sie. Es ist wichtig zu tun, was immer du kannst, egal wie wenig es ist."

„Ich weiß, dass ich keine fünf Minuten erübrigen kann. Es ist unmöglich."

Nani forderte mich auf fünf Minuten mit ihr zu meditieren, in dem Moment und an dem Ort, wo wir uns gerade befanden. Also meditierte ich mit ihr. Sie gab mir Meditationsanleitungen, obwohl ich ihr sagte, dass ich keine Zeit hätte.

Irgendwie gelang es mir, täglich fünf Minunten für die Meditation zu finden, und ich befolgte ihre Anleitungen. Diese fünf Minuten inspirierten mich sehr. Aus den fünf Minuten wurde mehr und mehr Zeit. Die Meditation wurde zur Priorität in meinem Leben. Ich verspürte das starke Bedürfnis zu meditieren, wann immer ich konnte. Ich fand immer längere Zeit für die Meditationen und bald meditierte ich mehrere Stunden täglich. Nachdem ich meine tägliche Arbeit erledigt hatte, meditierte ich manchmal bis in die Nacht hinein oder die ganze Nacht hindurch. Ich fand Energie und Zeit, von der ich nicht wusste, dass ich sie besaß.

SUDIPTI BARUA

An die nächste Stufe heranführen

Fast jedes Mal, wenn ich Dipa Ma länger als einige Stunden verließ, gab sie mir die Ermahnung sorgfältig zu praktizieren. Sie versuchte unentwegt mich an die nächste Stufe heranzuführen: „Ich hoffe, dass du dich daran erinnern wirst, x Stunden zu sitzen", oder, „Ich hoffe, du wirst versuchen x Stunden zu sitzen." Ein- oder zweimal gebrauchte sie die Worte: „Ich erwarte von dir ..." Sie sprach immer mit sehr sanfter Stimme. Sie war niemals zu hart, aber ihren Worten lag echte Entschlossenheit zugrunde.

Steven Schwartz

Stete Leichtigkeit

Während meines Zwei-Monats-Retreats mit Dipa Ma legte sie den Schwerpunkt unserer regelmäßigen Interviews immer auf Bereiche meiner Praxis, die noch weiterer Arbeit bedurften. Zum Beispiel, welche spezifischen Emotionen waren noch besonders stark ausgeprägt? In welcher Meditation oder in welchem Teil einer Meditation war die Konzentration schwach? Wie ging ich mit Schläfrigkeit am Ende des Tages um? Sie ignorierte nicht, was in der Praxis gut lief, aber sie konzentrierte sich stets auf die Bereiche, die die Kontinuität der Praxis behinderten.

Das Faszinierende an Dipa Ma war, dass sie mit dieser Stetigkeit und Kontinuität lebte. Unwichtig, ob sie zu Mittag aß, spazieren ging oder sich um ihren Enkelsohn kümmerte, sie tat es mit ungeteilter Aufmerksamkeit, die einen Hauch von Leichtigkeit hatte. Kürzlich wurde ich erneut an Dipa Mas Art und Weise zu praktizieren erinnert: in unserem Hof lebte eine Wüstenschildkröte, die immer wieder die Weite suchte. Der engmaschige Zaun schien kein Hindernis für diese langsame Kreatur zu sein. Um sie nicht aus den Augen zu verlieren, klebten wir ihr ein Pflaster mit unserer

Telefonnummer auf den Panzer. Jedesmal nachdem sie einige Tage verschwunden war, klingelte unser Telefon und wir waren erstaunt darüber, wie weit wir fahren mussten, um sie abzuholen. In dem Moment, als wir sie wieder in den Hof setzten und ihre Füße den Boden berührten, begann bereits ihre nächste Reise.

So war es auch mit Dipa Ma – in ihr war eine tiefe Stetigkeit und Mühelosigkeit zu beobachten. Sie lehrte mich, wie ich mit Gnade umzugehen hatte, nicht zu viel und nicht zu wenig.

Katrina Schneider

Praktizierst du wirklich?

Sie fragte mich: „Wie viel meditierst du? Wie sieht es mit deiner Achtsamkeit aus? Wie wach bist du in deinem Leben? Grundlegend lautete die Frage: „Praktizierst du wirklich, oder denkst du nur darüber nach?“ Es ist eine wunderbare Idee achtsam zu leben, aber lebst du dein Leben wirklich auf diese Art und Weise?

Jack Kornfield

Der Dharma ist überall

Am Ende eines Retreats erzählte ich Dipa Ma, wie schwer es für mich sei in mein Leben zurückzukehren. Ich lebte damals in einem entlegenen Teil des Landes, wo es keine formale Sangha (Gemeinschaft von Praktizierenden) gab. Ich fragte sie, wie ich ohne Sangha auskommen sollte, und sie antwortete mir: „Der Dharma ist überall, egal wo du dich befindest.“

Michele McDonald-Smith

Unfehlbares Bemühen

Das größte Geschenk, das ich von Dipa Ma erhielt bestand darin, dass sie mir mit ihrem eigenen Beispiel zeigte, was möglich war. Ihr Bemühen war unfehlbar. Menschen mit einer derartigen Fähigkeit des Bemühens lassen sich nicht davon entmutigen, wie lange es dauert oder wie schwer es ist. Es kann Monate oder Jahre dauern, es ist völlig irrelevant, weil der Mut des Herzens vorhanden ist. Sie gab mir das Gefühl, dass mit rechtem Bemühen alles möglich ist.

Joseph Goldstein

Unsere Geschichten durchschauen

„Lass das Denken los, und es wird inneres Vertrauen entstehen.“

Dipa Ma lehrte, dass der Geist lediglich aus Geschichten besteht, eine nach der anderen, vergleichbar mit einer russischen Holzpuppe. Wenn du sie öffnest, befindet sich in ihrem Inneren eine weitere Puppe. Auf diese Weise führt eine Geschichte zur nächsten. Wenn du schließlich zur letzten und kleinsten Holzpuppe gelangst, was glaubst du in ihrem Inneren zu finden, wenn du sie öffnest? Sie ist leer, nichts ist da, und überall um dich herum befinden sich leere Schalen der Geschichten deines Lebens.

Dipa Ma war im wahrsten Sinne des Wortes fähig, diese Geschichten zu durchschauen, und schenkte keinem dieser persönlichen Dramen auch nur die geringste Beachtung. Sie wollte, dass ihre Schüler eine tiefere Wahrheit erfahren als die Interpretationen von und Identifizierungen mit den äußeren Umständen des Lebens. Dipa Ma wusste alles über die verschiedenen Dramen des Lebens. Sie hatte an einer chronischen Krankheit, unter dem Tod ihrer Eltern, ihres Ehemanns und ihrer zwei Kinder gelitten – sie hatte tiefe Verzweiflung erfahren. Seit sie aufgehört hatte, sich mit den Geschichten und Dramen ihres Lebens zu identifizieren, fing sie an, als freier Mensch zu leben.

Kein Problem

Manchmal, wenn jemand mit persönlichen Problemen zu ihr kam, lachte sie und lachte. Sie konnte nicht aufhören zu lachen. Schließlich sagte sie: „Dieses Problem, dem du gegenüberstehst, ist überhaupt kein Problem. Es erscheint ausschließlich als Problem, weil du denkst ‚Es ist mein Problem'. Es erscheint so, weil du denkst ‚Da gibt es etwas, das ich lösen muss'. Höre auf in dieser Art und Weise zu denken und es wird keine Probleme geben."

DIPAK CHOWDHURY

Glaube nicht, dass sie sich vor dir verbeugen

Im Alter von acht Jahren ordinierte ich auf ihren Vorschlag hin in Bodh Gaya als Mönch. Umgehend danach – und es war drei Tage lang – verbeugten sich die Leute vor mir. Ich dachte: „Oh, prima!" Ich fühlte mich als etwas Besonderes. Aber meine Großmutter warnte mich: „Glaube nicht, dass sie sich vor dir verbeugen. Sie verbeugen sich ausschließlich vor deinem Gewand."

RISHI BARUA, DIPA MAS ENKELSOHN

Nichts Besonderes

Eines Nachmittags saßen wir im Auto auf dem Weg zu Munindra. Dipa Ma saß neben mir und hielt meine Hand. Aus ihrer Hand strömte eine unglaubliche, prickelnde Wärme, die meinen gesamten Körper mit Liebe erfüllte. Ich sonnte mich in diesem Gefühl. Das ging etwa ein oder zwei Minunten so und in meinem Entzücken dachte ich: „Oh, du bist wirklich etwas Besonderes." In diesem Moment ließ sie sanft, aber entschlossen meine Hand los und berührte sie nicht mehr, bis wir am Fahrtziel angelangt waren.

MATTHEW DANIELL

Was ist deine Absicht?

Eines Abends tauchte ein Schüler bei Dipa Ma auf und stellte ihr eine Unmenge Fragen. Er war ziemlich auf Konfrontation aus, bewegte sich auf einem abstrakten und intellektuellen Niveau und versuchte sie aus der Reserve zu locken. An einem bestimmten Punkt unterbrach sie ihn und ruhig: „Warum bist du hergekommen? Was ist deine Absicht?“ Die Aufrichtigkeit ihrer Frage brachte ihn sofort zum Schweigen.

Ajahn Thanasanti

Sich entwirren

Kurz nachdem ich in Indien angekommen war, konnte ich es kaum erwarten, Ma zu sehen. Jack, Joseph und Sharon hatten mir geraten einfach zu ihr zu gehen. Ich nutzte also die erste Gelegenheit und ging noch am gleichen Abend zu ihr. Ich hatte ihre Adresse, aber ich kann mich nicht daran erinnern, wie ich zu ihr gefunden habe. Es war bereits dunkel, als ich bei ihr ankam. Ich stieg in einem ärmlichen Stadtteil aus dem Taxi, blickte in einen dunklen, nassfeuchten und mit Abfall überfüllten Korridor und dachte: „Ich kann nicht glauben, dass das der richtige Ort ist.“ Es war der richtige Ort.

Ich ging den Korridor entlang und stieß auf ein offenes Treppenhaus auf der rechten Seite. Man hatte mir gesagt, dass sie im vierten Stock wohnte. Ich konnte kaum etwas sehen und wurde immer ängstlicher. Ich glaube, dass ich zunächst das Stockwerk verfehlte. Schließlich kam ich in der vierten Etage an und erkundigte mich bei der erstbesten Person, der ich begegnete, nach Dipa Ma. Die Person verwies mich auf die andere Seite des offenen Innenhofs. Es muss etwa sechs oder sieben Uhr gewesen sein und ihre Schüler hatten bereits ihre Wohnung verlassen. Dies war zweifellos die Zeit für Familie und persönliche Dinge. Ich muss mit Beschämung zugeben, dass ich in diesem Augenblick nicht daran gedacht habe. Ich hatte gerade vier Monate intensiver Meditationspraxis hinter mir und war den weiten Weg gekommen, um mich mit der Dharmalehre auseinander zu setzen. Ich glaube, dass ich mehr als nur ein wenig um mich selbst kreiste.

Ich sah eine winzige Frau vor der Tür stehen, die etwas sagte und mir andeutete zu warten. Sie holte ihre Tochter Dipa, um zu übersetzen. Ich stellte mich vor und erklärte, dass ich ein Schüler des Dharma und Freund von Joseph Goldstein und Sharon Salzberg sei. Sie bat mich herein.

Ich erinnere mich, dass ich auf Mas Holzbett saß und ihr erklärte, warum ich hier war; ich erzählte ihr von meiner gerade beendeten Meditationspraxis und von dem, was ich erfahren hatte. Sie hätte nicht freundlicher und einladender sein können. Sie hörte geduldig und aufmerksam zu, während Dipa übersetzte. Als ob sie nichts Besseres zu tun gehabt hätte, als diesem jungen Mann zuzuhören, der gerade in ihr Haus eingedrungen war und voller Erfahrungen steckte. Während ich meine Erzählungen fortsetzte, begann sich etwas in mir zu entwirren. In meinem bisherigen Leben und seit diesem Abend ist mir etwas Derartiges nie mehr widerfahren. Ich habe viele bemerkenswerte Menschen im Verlauf meines Lebens getroffen; aber nichts kam der Begegnung mit Dipa Ma gleich. Je mehr ich sprach, desto größer wurde meine Verwirrung und ich wurde von Panikgefühlen überwältigt. Mein Geist drehte wild durcheinander und begann außer Kontrolle zu geraten. Ich glaube, dass meine Worte keinen Sinn mehr ergaben. Ich fühlte mich gänzlich und vollkommen beschämt. All meine Großartigkeit, meine Selbstdarstellung und Erfahrungen, mein Gefühl, etwas Besonderes zu sein, brachen in wenigen Minuten in sich zusammen. Und Ma hatte nichts weiter getan als dagesessen und mich liebevoll in ihrem Blick und ihrer Aufmerksamkeit gehalten.

JACK ENGLER

Alles ist vergänglich

Als mein Sohn 1984 starb, schockierte mich Dipa Ma mit ihren Worten. Es war eine harte Lehre, die ich nicht vergessen habe: „Heute hat dein Sohn diese Welt verlassen. Warum bist du schockiert? Alles ist vergänglich. Dein Leben ist vergänglich. Alles ist vergänglich. Dein Sohn ist vergänglich. Es gibt nichts, das beständig ist. Wenn du lebst, magst du glauben: ‚Das ist meine Tochter, das ist mein Ehemann, das ist mein Besitz, das ist mein Haus, dieses Auto gehört mir'. Aber wenn du tot bist, gibt es nichts mehr, was dir gehört. Sudipti, du glaubst eine ernsthafte Meditierende zu sein, du musst wirklich lernen, dass alles vergänglich ist.

SUDIPTI BARUA

Frei von Sorgen

Alles, was ich am meisten im Leben befürchtete – meinen Mann und meine Kinder zu verlieren – war Dipa Ma widerfahren, und trotzdem war sie ruhig, gleichmütig und heiter. Zu sehen, dass meine schlimmsten Befürchtungen in ihrem Leben eingetreten waren, ohne dass sie von Sorge erfüllt war, diente mir als große Inspiration.

SYLVIA BOORSTEIN

Eine Reihe von Amerikanern, die sich wegen der armseligen Zustände in Dipa Mas Nachbarschaft Sorgen machten, sammelte Spenden, damit sie aus der Innenstadt wegziehen konnte. Ein Schüler erinnerte sich daran, was geschah, als er ihr das Geld für ein neues Haus überbrachte.

Alles in allem waren etwa 2500 Dollar zusammengekommen, was in Indien ausreichte, um ein halbes Haus zu bauen. Es war mehr, als das was Dipa Mas Familie an Geldmittel für ein gesamtes Jahr zur Verfügung stand. Weil ich sie so sehr liebte – und vielleicht auch, weil ich ein Gefühl von Selbstwichtigkeit verspürte –, nahm ich die Verantwortung für die Geldübergabe besonders ernst und sie bereitete mir große Freude.

„Warte, bis sie das Geld sieht," dachte ich. „Ein halbes Haus!"

Als ich zu ihr kam, sagte ich ihr, dass ich eine bestimmte Summe Geld in amerikanischen Dollar mitgebracht hätte. Sie sagte: „Wir können keine amerikanischen Dollar tauschen. Es ist uns noch nicht einmal erlaubt Dollar zu besitzen. Du solltest sie in Rupien einlösen." Zur damaligen Zeit waren 2500 Dollar ungefähr 45000 Rupien wert. Ich ging zur American Express Bank und die größten Banknoten, die es gab, waren 100-Rupien-Noten. Ich verließ die Bank mit einem Rucksack gefüllt von Rupien.

Ich war bereits zweimal in Indien ausgeraubt worden – einmal sind mir 1000 Dollar gestohlen worden –, so bewegte ich mich nervös durch die Straßen von Kalkutta. Ich hatte das Gefühl Dipa Mas Zukunft auf dem Rücken zu tragen: ihr Haus, ihr gesamtes weltliches Vermögen sowie die Aussicht auf ein komfortables Leben. Ich ging schnurstracks von der Bank zu ihrer Wohnung, was ungefähr eine Stunde dauerte. Jeder Schritt des

Weges war begleitet von großer Angst. Ich konnte es jedoch kaum erwarten ihr Gesicht zu sehen. Wir waren davon ausgegangen, dass es mindestens fünf Jahre dauern würde, um das Geld aufzubringen. Und schon nach drei Monaten befand ich mich hier, um ihr das halbe Haus zu überbringen. „Sie wird so glücklich sein," dachte ich.

Als ich bei Dipa Ma ankam, lief mir förmlich der Schweiß herunter. Sie legte mir die Hände auf den Kopf und gab mir ihren üblichen Segen. „Du siehst ziemlich beunruhigt aus," sagte sie. Es war mir unangenehm ihr zu sagen, dass ich gewissermaßen Angst vor ihren Landsleuten gehabt und befürchtet hatte, ausgeraubt zu werden. Stattdessen sagte ich nur: „Nun, ich war bei der Bank, um das Geld zu wechseln. Es war wirklich eine Menge Geld und ich hatte Angst, so viel Bargeld mit mir herumzutragen."

Ich setzte meinen Rucksack ab und leerte den Inhalt auf dem Boden aus. Die Wohnung glich plötzlich einer Kinoszene, Berge von Rupien waren im ganzen Zimmer verstreut. Dipa Ma zuckte mit keiner Wimper. Sie bewegte sich nicht einmal oder zeigte keine Spur von Begeisterung oder Aufregung. Sie nahm lediglich das Geld entgegen, schob es unter ihr Bett und deckte es mit einem Stück Tuch zu.

Ich dachte: „45000 Rupien unter dem Bett – man verstaut ein solche Summe Geld doch nicht unter dem Bett. Lass uns das Geld irgendwo unterbringen, wo es nicht gestohlen wird. Und was ist mit dem neuen Haus? Wir sollten über das Haus sprechen."

Sie erwähnte weder das Geld, noch sagte sie etwas zu dem Haus. Sie war ausschließlich um mein Wohlergehen besorgt. „Beruhige dich. Sei nicht nervös." Dann wandte sie sich an Dipa: „Wir müssen ihm etwas zu essen geben."

Bevor ich ging, sprach ich Dipa auf das Geld an. „Deine Mutter hat all das Geld unter ihrem Bett verstaut. Ich mache mir Sorgen, dass es dort nicht sicher aufgehoben ist. Du solltest es zur Bank bringen."

Dipa lachte: „Oh, in der Bank wäre das Geld nicht sicher, aber hier ist es gut aufgehoben."

Ich versuchte zu protestieren, aber dann wurde mir bewusst, dass von Anfang an *ich* das Problem gewesen war. Anstatt als Überbringer der Großzügigkeit anderer Menschen zu dienen, hatte ich die ganze Angelegenheit zu „meiner" eigenen Sache gemacht, indem ich ein Gefühl von starker Selbstbezogenheit in die Situation eingebracht hatte. Selbst als ich das Geld bereits übergeben hatte, war ich nicht gewillt loszulassen. Als Dipa schließlich sagte: „Mach dir keine Gedanken, das Geld wird hier sicher sein," konnte ich endlich loslassen und sagte mir: „O.K., es ist euer Geld."

Ich fragte nie mehr nach dem Geld, noch verlor ich einen weiteren Gedanken an das Geld oder das Haus. Als ich ihre Wohnung an jenem Abend verließ, fühlte ich mich befreit von einer großen Last. In der Tat habe ich niemals erfahren, ob sie das Haus gebaut haben. Und es ist das erste Mal, dass ich seit 15 Jahren darüber nachdenke.

STEVEN SCHWARTZ

Der tiefste Frieden

„Allmählich lernte ich das Leiden kennen,
die Ursache von Leiden,
die Entstehung von Leiden
und das Ende von Leiden."

Dipa Ma war der festen Überzeugung, dass Erleuchtung – die vollständige Befreiung von Herz und Geist – Zweck des menschlichen Daseins und primäre Motivation für die Meditationspraxis ist. Sie erinnerte ihre Schüler unentwegt daran: „Ihr müsst praktizieren, um wenigstens die erste Stufe der Erleuchtung zu erlangen. Ansonsten habt ihr euer menschliches Dasein nicht sinnvoll genutzt."

In den Texten der Theravada-Tradition steht wenig geschrieben über die tatsächliche Erfahrung von Erleuchtung. Viele Lehrer meiden dieses Thema, weil die Gefahr besteht, eine Haltung übermäßigen Strebens bei ihren Schülern zu erzeugen. Das vorliegende Kapitel spricht offen über Erleuchtungserfahrungen und verfolgt die Absicht aufzuzeigen, dass es sich dabei um nichts Mysteriöses oder Übernatürliches handelt.

Da es nicht „den richtigen Weg" auf dem spirituellen Pfad gibt, gibt es auch nichts zu bewerten, zu vergleichen oder zu antizipieren – in diesem Zusammenhang spricht Joseph Goldstein folgende Warnung aus: „Die Erfahrung von Erleuchtung bedeutet das Selbst loszulassen. Über die Jahre bin ich Menschen begegnet, die Erleuchtungserfahrungen gemacht und daraus ein noch größeres Selbst erzeugt haben. Sie halten an ihrer Erfahrung fest und identifizieren sich mit ihr. Auf diese Weise verfehlen sie das eigentliche Ziel – das kann zu großem Leiden führen."

Kamikaze-Yogi

Meine ersten beiden Drei-Monats-Retreats waren von Seligkeit und Entzücken erfüllt. Ich betrachtete mich gewissermaßen als Kamikaze-Yogi. Mein drittes Drei-Monats-Retreat war dagegen von Anfang bis Ende eine Tortur. Ich litt unter unglaublichen Schmerzen und Gefühlen innerer Zerrissenheit, ich glaubte nicht mehr als fünf Minuten sitzen zu können. Als ich Dipa Ma davon berichtete, riet sie mir die verschiedenen Empfindungen und Gefühle lediglich zu benennen.

Aber schließlich war ich an einem Punkt angelangt, an dem ich wirklich glaubte explodieren zu müssen, wenn ich noch einen Moment länger sitzen würde. Dipa Ma setzte sich neben mich und strich mit Liebe und Zärtlichkeit über meine Hand, so als ob sie ein Baby streicheln würde. Sie versicherte mir: „Wenn du den Mut findest durch diese Phase hindurchzugehen, wirst du große Verdienste erwerben."

Auf diese Weise vermittelte sie mir ihre Zuversicht und Liebe. Ich hatte großes Vertrauen in ihre Worte und meine Zweifel verschwanden. Ich ging also zurück in die Meditationshalle und setzte mich auf mein Kissen ... irgendetwas öffnete sich in mir. Ich bin mir nicht sicher, in welchem Ausmaß ich darüber berichten soll. Ich machte Erfahrungen, die in den klassischen Texten über Erleuchtung beschrieben werden. Dipa Ma begleitete mich während dieser Erfahrung mit besonderer Entschlossenheit.

Ich bin dankbar, dass sie mich dazu ermutigte, mit der Praxis fortzufahren. Obwohl ich zweieinhalb Monate lang mit Ruhelosigkeit und großen Schmerzen gekämpft hatte und nahe dran war „meine Matte aufzurollen" und nach Hause zu gehen, brachte sie mich dazu, weiterzumachen.

Anonym

Hast du Erleuchtung erfahren?

Dipa Ma kam in meine Schule, um einen dreiwöchigen Kurs über Meditation zu halten. Am Ende der drei Wochen war ein intensives Wochenendretreat geplant. Am Tag vor dem Retreat sagte sie zu mir: „Du wirst eine ‚Erleuchtungserfahrung' machen." Ich war verwundert. „Was sollte das bedeuten?"

An diesem Abend meditierte ich einige Zeit und beendete die Meditation schließlich, da ich sehr müde geworden war. Auf dem Weg in mein Zimmer veränderte sich etwas in meiner Wahrnehmung und mir wurde bewusst, dass ich mit der Meditation fortfahren musste. Ich ging also zurück in die Meditationshalle und fiel in einen Zustand tiefer Konzentration. Es gab lediglich die Beobachtung meines Atems. Ich nahm den Mikrokosmos der Atembewegung wahr, jedes kleinste Detail des Hebens und Senkens und es gelang mir die Absicht zu beobachten, die jedem entstehenden Gedanken vorausgeht. Es war wie eine Blase, die kurz davor war, zu zerplatzen, dann erschien ein neuer Gedanke, der Gedanke verging und Stille war vorhanden. Die Absicht im Hinblick auf einen weiteren Gedanken erschien, zerplatzte wie eine Blase an der Wasseroberfläche und so ging es immer weiter.

Es war nicht ich, die das tat, denn ich besaß keinerlei Konzentrationsfähigkeit. Ich glaube, es geschah durch Dipa Mas Gnade. Es entstand eine unglaubliche Stille und zwischen den Gedanken öffnete sich ein weiter und leerer Raum.

Dann kam es zu einer deutlichen Veränderung in meinem Gewahrsein, so als ob ich in einen anderen Raum ‚außerhalb' trat, wo sich die Aufmerksamkeit umkehrte. Dort war keine Materie mehr vorhanden, lediglich das Entstehen und Vergehen von verschiedenen Phänomenen. Diese Erfahrung raubte mir den

Verstand.

Am nächsten Tag fragte mich Dipa Ma: „Nun, hast du Erleuchtung erfahren?" Meditation war neu für mich und somit hatte ich keinen Hintergrund oder Kontext, in den ich das Erfahrene einordnen konnte. Zunächst war dort diese unglaubliche Einsicht im Hinblick auf die Vergänglichkeit aller Phänomene gewesen. Dann stieg jedoch enorme Angst in mir hoch; mir wurde bewusst, dass sich jegliche Erfahrung von einem Moment zum anderen auflöst. Ich war vollkommen verwirrt und da ich nicht die Fähigkeit besaß dieses Gefühl mit Achtsamkeit zu beobachten, dauerte es lange Zeit, bis diese Erfahrung in mir reifte. Erst drei Jahre später begann ich erneut zu meditieren.

ANONYM

Für Dipa Mas indische Schüler war Erleuchtung eher eine praktische Angelegenheit. Jack Engler erinnert sich, dass ihre Praxis vor allem im Kontext der Familie und des alltäglichen Lebens stattfand. „Wenn Dipa Ma eine gewisse Reife in ihnen erkannte, riet sie ihnen: „Sieh zu, dass du dich zwei Wochen von deiner Familie frei machen kannst, und triff die notwendigen Vorkehrungen um hierherzukommen. Du wirst im Zimmer nebenan wohnen und dich zehn oder 14 Tage dieser Praxis widmen. Auf diese Weise machten sie Erleuchtungserfahrungen. Das ist alles, was sie an intensiver Praxis unternahmen; manche von ihnen mussten sogar während ihres Retreats nach Hause zurückkehren, um sich um familiäre Angelegenheiten zu kümmern."

Nur zwei oder drei Tage

Ich brachte meine Mutter (Dipa Mas Schwester Hema) jeden Abend zum Kloster. Einmal traf ich eine burmesische Dame, die mir über ihre Praxis zu Hause mit ihren Kindern berichtete. Tagsüber arbeitete sie und nachts, wenn ihre Kinder schliefen, praktizierte sie Meditation. Innerhalb von zwei Monaten hatte sie nach eigenen Aussagen die erste Stufe der Erleuchtung erlangt.

Während des Abschlussjahres meines Studiums nahm ich sie mir zum Vorbild. Ich stand um vier Uhr morgens auf und meditierte bis 5.30 Uhr. Dann besuchte ich bis 15.30 Uhr die Universität und brachte meine Mutter anschließend ins Kloster. Später erledigte ich bis 21 Uhr meine Hausaufgaben und praktizierte noch eine Stunde Gehmeditation mit meinem Hund. Danach meditierte ich eine weitere Stunde bis 23 Uhr. Um 23 Uhr ging ich zu Bett.

Während des gesamten Tages, im Bus auf dem Weg zur Universität, in den Seminaren, überall praktizierte ich die Methode des Benennens (eine geistige Notiz jeder Sinneserfahrung zu machen). Nach zwei oder drei Wochen forderte mich Munindra auf eine Auszeit zu nehmen und ins Kloster zu kommen. Ich sagte ihm, dass es unmöglich sei mich von der Universität zu befreien, und er erwiderte: „Nun gut, zwei oder drei Tage werden ausreichen." Also ging ich von Donnerstag bis Freitag ins Kloster. Da ich nur diese kurze Zeit zur Verfügung hatte, beschloss ich die ganze Nacht wach zu bleiben und bis zum nächsten Morgen zu meditieren.

Freitag nacht gegen ein Uhr dachte ich, dass etwas „schiefgelaufen" sei. Am Morgen erzählte ich meiner Mutter und Dipa Ma, dass etwas Seltsames passiert sei. Sie fingen an zu lachen und konnten nicht mehr aufhören. Sie sagten mir, dass ich die erste Erleuchtungsstufe erlangt hätte, und waren voller Freude.

Daw Than Myint

Okay, ein Tiger kommt

Am allerersten Tag, als ich ihr begegnete, gab mir Nani (Dipa Ma) Anleitungen für Meditation und sagte mir, dass ich zu Hause praktizieren könne. Ich ging an diesem Nachmittag in meine Wohnung zurück und meditierte über einen Zeitraum von 20 Tagen.

Während dieser 20 Tage hatte ich das Gefühl hohes Fieber zu haben, es war, als ob ein heißes Eisen meinen Körper durchdringen würde. Um mich herum sah ich Schlangen und Tiger, die auf mich zusprangen. Ich berichtete Dipa Ma von meinen Erfahrungen und sie sagte mir, dass ich mir keine Sorgen zu machen brauche. „Du brauchst keine Medizin zu nehmen. Du hast zwar Fieber, aber du bist nicht krank. Es wird von alleine wieder vergehen. Sei dir lediglich gewahr, dass du Fieber hast. Fühle es und benenne es. Wenn Schlangen oder Tiger kommen, sei nicht besorgt. Bemerke einfach, was geschieht: ‚Okay, ein Tiger kommt.' Das ist alles."
Dann erschienen lebhafte Bilder von toten Körpern vor meinem geistigen Auge. Es waren viele tote Körper, die sich an einem kargen Ort befanden – ich musste über die toten Körper hinwegsteigen. Die Bilder erfüllten mich mit Schrecken. Nani beruhigte mich: „Habe keine Angst. Mache lediglich eine geistige Notiz: ‚sehen'. Diese Visionen stammen aus unseren zahlreichen früheren Leben. Was wir in vorherigen Leben erfahren haben, tritt häufig in der Meditation ins Bewusstsein zurück." Ihrer Anleitung gemäß nahm ich also geistige Notiz von den verschiedenen Erfahrungen, „tote Körper sehen", „über tote Körper steigen", und „Bilder, die im Geist erscheinen."

Bald war nur noch reines Gewahrsein vorhanden, alles hörte auf und mein Geist ruhte in Klarheit und Frieden. All meine Schmerzen hatten sich aufgelöst. Ich begann Körper und Geist zu verstehen und mir wurde klar, was der Pfad der Meditation bedeutete. Es gab kein zurück mehr. Nach 20 Tagen beendete ich die Meditation und ging nach Hause.

Jyotishmoyee Barua

Die wertvollste Sache

Als ich meine Untersuchungen in Kalkutta durchführte, machte mich Dipa Ma mit ihrer Nachbarin bekannt, einer 65 Jahre alten Frau namens Madhuri Lata. Ihre erwachsenen Kinder hatten das Elternhaus bereits verlassen und sie lebte ohne weitere Familienmitglieder mit ihrem Mann alleine, was in Indien eher unüblich war. Ihr Ehemann forderte sie auf: „Du hast nichts zu tun. Deine Tante Dipa Ma lehrt diese Meditationspraxis. Warum sprichst du nicht mit ihr? Das wird Dir eine Beschäftigung bieten."

Madhuri, die geistig leicht zurückgeblieben war, ging also zu Dipa Ma und erhielt die grundlegenden Anleitungen für Meditation: die Aufmerksamkeit mit jedem Ein- und Ausatmen auf das Heben und Senken der Bauchdecke zu legen und dabei die geistige Notiz von „heben, senken, heben, senken" zu machen. „Okay", sagte Madhuri und machte sich auf den Weg in ihre Wohnung, die sich vier Stockwerke tiefer befand. Zwei Stockwerke tiefer hatte sie die Anleitungen bereits vergessen und kehrte zu Dipa Ma zurück.

„Was sollte ich tun?" ,fragte sie.

„Heben, senken, heben, senken", sagte Dipa Ma.

„Oh ja, richtig!"

Viermal vergaß Madhuri die Anleitungen und musste immer wieder zurückkommen. Dipa Ma war sehr geduldig mit ihr. Es dauerte fast ein Jahr, bis Madhuri die grundlegenden Anweisungen verstanden hatte. Aber als sie sie endlich verinnerlicht hatte, war sie wie eine Tigerin. Bevor sie mit der Praxis begonnen hatte, lief sie aufgrund einer Artrithis, einem Rheumaleiden und Darmproblemen gekrümmt in einem 90-Grad-Winkel. Als ich ihr nach ihrem Erwachenserlebnis begegnete, ging sie aufrecht mit geradem Rücken und hatte keine Darmprobleme mehr. Sie war die einfachste und liebenswürdigste Frau.

Nachdem sie mir von ihrer Erleuchtungserfahrung berichtet hatte, sagte sie: „Die ganze Zeit schon wollte ich jemand von dieser wunderbaren Sache erzählen. Aber ich hatte Schwierigkeiten sie mit jemandem zu teilen, diese wertvollste Sache in meinem Leben."

Jack Engler

Jedem Gefühl liegt ein Gedanke zugrunde

Trotz heftiger emotionaler Schwierigkeiten gelang es dem vietnamesischen Mönch Sayadaw Khippapanno mit Dipa Mas Hilfe tiefe Einsicht zu gewinnen. 1969 machte er ein Retreat, währenddessen er fünf Tage lang unaufhörlich lachte und weinte. Sein Lehrer dachte, dass Khippapanno verrückt geworden sei, und riet ihm, das Retreat zu beenden und nach Hause zu gehen. Als Dipa Ma davon hörte, lud sie Khippapanno zu sich ein, um ihn in seiner Meditationspraxis zu unterstützen.

Einen ganzen Monat lang praktizierte ich in ihrer Wohnung. Sie gab mir folgenden Ratschlag: „Du wirst diese Hindernisse überwinden. Wenn du alles benennst, werden deine gesamten emotionalen Schwierigkeiten verschwinden. Wenn du glücklich bist, identifiziere dich nicht mit diesem Zustand. Und wenn du traurig bist, identifiziere dich auch nicht damit. Was immer erscheint, mache dir keine Sorgen. Sei dir einfach dessen gewahr."

In einem späteren Retreat, als die ‚Verrücktheit' erneut auftauchte, erinnerte ich mich an ihre Worte. Ich hatte derartige Schwierigkeiten mit diesen starken Emotionen, dass ich das Retreat verlassen wollte. Aber ich erinnerte mich an ihr Vertrauen in mich und ihre Worte: „Deine Praxis läuft gut. Benenne einfach alles und du wirst deine Schwierigkeiten überwinden." Mit dem Wissen um ihr Vertrauen in mich vertiefte sich meine Konzentration.

Bald verstand ich, dass jedem Gefühl ein Gedanke zugrunde liegt, das ist alles. Indem ich die Gedanken beobachtete, die den verschiedenen Gefühlen vorausgingen, war es möglich sie zu überwinden. Und dann verstand ich, dass sich alle Gedanken auf die Vergangenheit oder die Zukunft beziehen, und so begann ich ausschließlich in der Gegenwart zu leben und entwickelte mehr und mehr Achtsamkeit ... Für einige Zeit war ich frei von Gedanken, es war lediglich Achtsamkeit vorhanden; auf diese Weise lösten sich all meine emotionalen Schwierigkeiten auf. Einfach so! Und dann machte ich eine Erfahrung, ich war nicht sicher, was es damit auf sich hatte. Es war nur ein Moment, und es war niemand da, der die Erfahrung hätte bestätigen können. Meine emotionalen Schwierigkeiten sind nie wiedergekehrt.

Später, als ich Dipa Ma 1984 in Amerika traf, nahm sie mich zur Seite und erkundigte sich nach meiner Meditationspraxis. Als ich ihr davon erzählte, bestätigte sie mir, dass ich die erste Erleuchtungsstufe erreicht hatte. Sie sagte es in einer Art und Weise, wie es eine Mutter ihrem Kind sagen würde.

Sayadaw Khippapanno

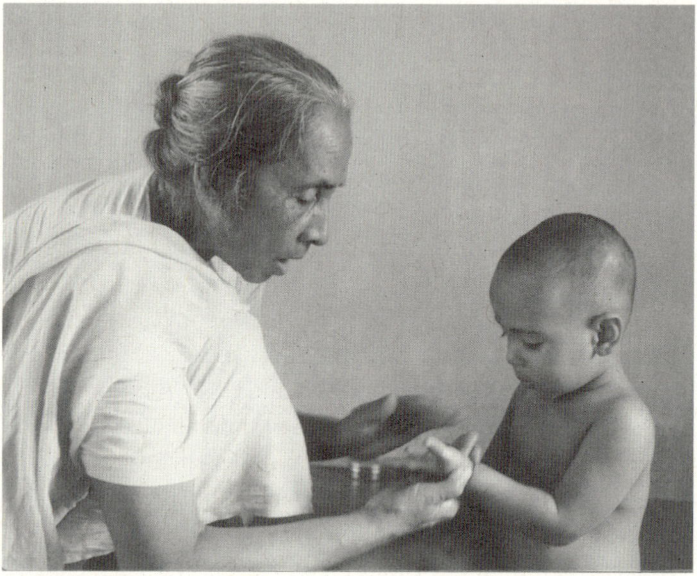

Wie lebst du dein Leben?

„Der gesamte Pfad der Achtsamkeit besteht in dem Gewahrsein dessen, was ist."

Ich hörte einst die Partnerin eines spirituellen Lehrers sagen: „Ich weiß, dass er etwas lernt, denn es ist leichter mit ihm zu leben." Wirkliche Einsichten verändern unsere gesamte Art zu sein; sie machen uns sanfter im Miteinander und in der Art und Weise, wie wir mit der Erde umgehen. Möglicherweise hat deine Praxis dich mit tiefen Einsichten belohnt. So wundervoll diese auch sein mögen, so sind sie doch flüchtig. Erleuchtet oder nicht, die elementare Frage lautet: Wie lebst du dein Leben? Es ist ein einfacher Test, aber ein wichtiger: Wie wäschst du dein Geschirr? Wie reagierst du, wenn jemand dir auf der Autobahn die Vorfahrt nimmt?

Dipa Ma war ein lebendiges Beispiel dafür, wie man in dieser Welt achtsam leben kann – wie die Praxis und die verschiedenen Handlungen des Alltags eins werden können. Sie bestand darauf, dass wir zu jedem Zeitpunkt des Tages praktizierten, und dass wir die Dinge, die wir während des Tages erledigten, taten, ohne ein Problem daraus zu machen. Dipa Ma ging es um folgende Fragen: „Wie wach bist du in deinem Leben? Denkst du nur darüber nach achtsam zu sein oder bist du es wirklich? Dipa Ma sagte, dass sie sogar meditierte, während sie sprach. Sprechen, essen, arbeiten, über ihre Tochter nachdenken, mit ihrem Enkel spielen – keine dieser Aktivitäten hinderte ihre Praxis, sie ging jeder Aktivität mit Achtsamkeit nach. „Wenn ich mich bewege, einkaufe, was immer ich auch tue, ich tue es mit Achtsamkeit. Ich weiß, dass es Dinge sind, die ich tun muss, aber ich mache kein Problem daraus. Gleichzeitig verschwende ich keine Zeit mit Plauderei, Besuchen oder Dingen, die ich als unnötig erachte."

Wie bindest du deine Schuhe?

Sie ermutigte mich zu leben, was ich lehrte. Die Qualität ihrer Präsenz wird in einer chasidischen Erzählung deutlich, in der jemand die Frage stellt: „Warum hast du den Rabbi aufgesucht? Hast du ihn aufgesucht, um eine große Lehrrede über die Thora zu hören oder um zu sehen, wie er mit seinen Schülern arbeitet?" Und die Person antwortete: „Nein, ich suchte ihn auf, um zu sehen, wie er seine Schuhe bindet." Dipa Ma war nicht interessiert daran, dass Menschen nach Indien kamen, um ihr Leben dort zu verbringen, Mönche und Nonnen zu werden oder in einem Ashram zu leben. Sie sagte: „Lebe dein Leben. Wasche dein Geschirr und deine Wäsche. Bringe deine Kinder in den Kindergarten. Ziehe deine Kinder oder Enkel groß. Sorge für die Gemeinschaft, in der du lebst. Mache all das zum Teil deines Weges und folge dem Pfad des Herzens."

JACK KORNFIELD

Erleuchtetes Bügeln

Sie war der Überzeugung, dass du beim Bügeln deiner Kleidung erwachen kannst ... und dass jegliche Aktivität mit einem hohen Maß an Achtsamkeit durchgeführt werden sollte. Weiterhin sollte dein Handeln von Fürsorge geprägt sein – Fürsorge für denjenigen, für den du die Kleidung bügelst.

MICHELLE LEVEY

Wäsche mit einer Heiligen

Meine Lieblingsszene von all meinen Filmaufnahmen ist die, in der Dipa Ma die Wäsche aufhängt. Kannst du dich an das Zen-Sprichwort „Nach der Ekstase: die Wäsche" erinnern? Der zwei- oder dreiminütige Filmausschnitt zeigt Dipa Ma, wie sie lächelnd und mit großer Freude die Wäsche im Garten aufhängt. Es ist wunderbar sie so in der Sonne stehen zu sehen. Ich würde gerne einen Ausschnitt davon machen und ihn „Wäsche mit einer Heiligen" nennen.

Jack Kornfield

Das Heilige inmitten des Weltlichen

Als ich an die Tür klopfte, antwortete Mas Tochter Dipa. Ich war sehr aufgeregt und hatte ein Reihe von Fragen mitgebracht, die ich ihr hinsichtlich meiner Meditationspraxis stellen wollte. Nach einigen Minuten erschien eine ältere Frau (Dipa Ma). Sie zeigte keinerlei Interesse an meiner Anwesenheit, sie schaute mich nicht an und schenkte mir nicht die geringste Aufmerksamkeit. Sie war so unglaublich still, geerdet und gegenwärtig. Es handelte sich hierbei nicht um Gleichgültigkeit oder Distanz. Vielmehr war es ein Gefühl von wirklicher Stille.

Als sie das Zimmer betrat, hob sie eine kleine Plastikente vom Boden auf, die ihrem Enkelsohn gehören musste. Sie trug die Ente hinüber zu einem Wasserbecken, das auf der Fensterbank stand. Im sanften Licht des Nachmittags, das durch das Fenster hineinschien, begann sie die Ente zu baden. Es war, als ob sie die kleine Ente taufen würde. Was mich am meisten beeindruckte, war die Art und Weise, wie sie es tat. Obwohl es sich lediglich um ein weltliches Objekt handelte, ein dreckiges, altes Plastikspielzeug, führte sie den gesamten Vorgang mit großer Ernsthaftigkeit und Sorgfalt durch. Während ich ihr dabei zusah, fand ich automatisch zurück in meine eigene Mitte.

Andrew Getz

Unfehlbare Moral

Als der Herbst in der IMS allmählich in den Winter überging, hatte ich die Aufgabe geeignete Kleidung für Dipa Ma und ihre Familie zu besorgen. Jemand strickte einen Schal für Dipa Ma und andere brachten Kleider. Ich gab ihr ein Paar bequemer warmer Socken, das sie regelmäßig im Haus trug. Es freute mich, dass sich mein kleines Geschenk als so nützlich erwies. In der Geschäftigkeit dieser Tage machte ich jedoch den Fehler, ihr die Socken nicht formal als Geschenk zu geben.

Nachdem wir sieben Wochen lang den Alltag geteilt hatten, war der Zeitpunkt gekommen, Dipa Ma und ihre Familie zu verabschieden. Ich brachte sie zum Flughafen und als ich wieder nach Hause zurückkam, war ich von tiefer Traurigkeit erfüllt. Eine Zeit großer Intensität war zu Ende gegangen. Das Haus erschien mir so leer. Als ich in ihr Zimmer ging, fand ich einige Gegenstände auf ihrem Bett vor, die sie ordentlich am Fußende platziert hatte. Einer davon war das Paar Socken, das ich ihr geschenkt hatte. Mein Herz schrumpfte zusammen. Ich konnte nicht verstehen, warum sie es bewusst zurückgelassen hatte.

Nachdem ich eine Weile darüber nachdachte, wurde mir klar, dass ich ihr die Socken in einer Art und Weise gegeben hatte, die nicht darauf schließen ließ, dass sie sie behalten könne. So klein diese Begebenheit auch erscheint, sie enthält eine kraftvolle Lehre hinsichtlich dessen, was unfehlbare Sila (Moral) bedeutet – eine Lehre, die damals schmerzhaft für mich war, die ich jedoch immer im Gedächtnis behalten werde.

Michael Liebenson-Grady

Ungeteilte Präsenz

Ich fragte Dipa Ma: „Möchtest du dich zur Meditation in das andere Zimmer setzen? Heute abend kommt eine Gruppe."

„Ich sitze bereits. Warum sollte ich in das andere Zimmer gehen?"

„Nun, wir werden dort gemeinsam meditieren."

„Aber wir sitzen doch bereits."

„Es werden einige Leute kommen und nebenan meditieren."

Schließlich konnte ich sie dazu bringen, sich in das andere Zimmer zu setzen. Sie besaß die Fähigkeit ungeteilt da zu sein. Ihre Augen konnten geöffnet oder geschlossen sein, es machte wirklich keinen Unterschied. Dies war der bemerkenswerteste Aspekt ihrer Präsenz, ein Gefühl von: „Warum den Ort wechseln? Was gibt es wirklich zu tun?"

Zu diesen Begegnungen kamen manchmal bis zu 50 Leute, um Dipa Mas Segen zu erhalten. Wie viele auch kamen, sie schenkte jedem, einem nach der anderen ihre volle Aufmerksamkeit. In der Einzigartigkeit ihrer Gegenwart und Verbundenheit war zu erkennen, dass sie jedem Menschen in seiner bzw. ihrer Göttlichkeit begegnete.

Steven Schwartz

Einfach stehen, einfach sitzen

Ich habe Dipa Ma niemals in einem ruhelosen oder zerstreuten Zustand erlebt, und ich beobachtete sie ständig. Im Stehen glich sie einem unerschütterlichen Fels. Sie stand einfach. Wenn sie saß, saß sie einfach. Punkt. Es passierte niemals etwas anderes. Sie schaute nicht in der Gegend herum, noch verlor sie den Gegenstand ihrer Aufmerksamkeit.

Michael Liebenson-Grady

Geradewegs auf den Buddha zu

Einer von Dipa Mas und Munindras Schülern, der finanziell erfolgreich geworden war, veranstaltete ein großes Fest in Kalkutta, um sein neues Haus einzuweihen. Ich half Dipa Ma dabei, die Treppe hinaufzusteigen. Die Gäste unterhielten sich, aßen und tranken. Es wurde Musik gespielt und es herrschte die Atmosphäre eines Sektempfangs. Der Raum war erfüllt von einer erregten und lauten Stimmung.

Dipa Ma kam in ihrer steten und gleichmäßigen Art zur Türe herein und bewegte sich geradewegs durch das Zimmer auf den Buddha zu. Als sie vor seinem Abbild ankam, kniete sie nieder und verneigte sich – inmitten der Gäste, die damit beschäftigt waren, zu feiern und ihre Vorspeisen einzunehmen. Mir wurde bewusst, dass Dipa nur ein Ziel vor Augen hatte: die vollkommene Befreiung von Leiden.

Ajahn Thanasanti

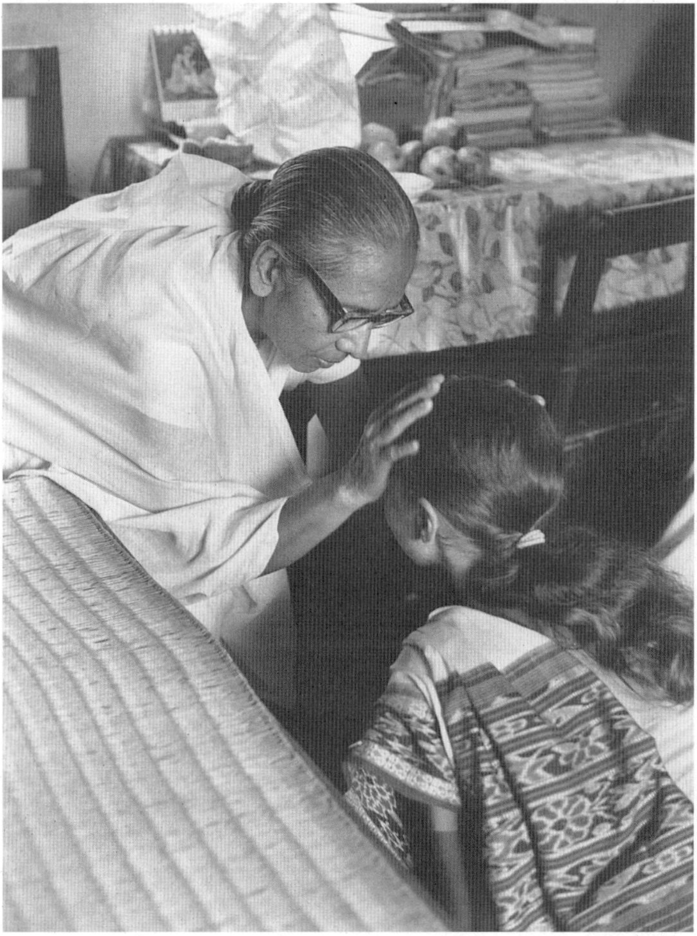

Liebe, die sich vor Liebe verneigt

„Euer Herz weiß alles.“

In einem geschäftigen Café in Santa Fe fragte ich Sharon Salzberg eines Morgens: „Was war Dipa Mas größtes Geschenk an dich?“

Sharon dachte einen Moment nach, wobei ihr Gesicht weiche Züge annahm.

„Dipa Ma hat mich wirklich geliebt,“ sagte sie. „Als sie starb, fragte ich mich: ‚Wird mich ein Mensch jemals wieder so lieben, wie sie es tat?‘“

Wir wurden beide still und einige Momente fühlte es sich so an, als ob sich ein Tor in eine andere Welt öffnete. An diesem anderen Ort existierte lediglich vollkommene und absolute Liebe.

„Selbstverständlich,“ ergänzte Sharon mit einem ruhigen Lächeln, „ging es dabei nicht nur um mich. Es war nicht persönlich.“

Jacqueline Mandell fragte Dipa Ma einmal, ob sie Achtsamkeit oder Liebende Güte praktizieren solle. Dipa Ma antwortete: „In meiner eigenen Erfahrung besteht kein Unterschied zwischen Achtsamkeit und Liebender Güte.“ Für sie waren Liebe und Gewahrsein eins. Wenn du von Liebe erfüllt bist, bist du dann nicht gleichzeitig achtsam? Und wenn du vollkommen achtsam bist, ist das nicht die Essenz der Liebe?

Joseph Goldstein erinnert sich, dass er Dipa Ma einmal dabei zusah, wie sie sich vor einer Buddhastatue verneigte – es war so offensichtlich, dass niemand da war, es war „einfach Liebe, die sich vor Liebe verneigte“. Ein anderer Schüler berichtet: „Für Dipa Ma bedeutete Erleuchtung vollkommene Liebe. Der Inhalt ihrer Lehre bestand darin, sich mit anderen zu verbinden und freundlich miteinander umzugehen." Ihr Herz sowie auch ihre Wohnungstür standen immer und jedem offen. Ob von Sorge oder Freude erfüllt, jeder konnte kommen und gehen und sich in ihre liebevolle Umarmung fallen lassen. Ein Sufilehrer namens Asha Greer beschrieb, wie er von Dipa Ma umarmt wurde, „so vollkommen, dass meine sechs Fuß in ihr großes, weites und leeres Herz passten. In ihrem Herzen war Platz für die gesamte Schöpfung."

Segen für einen Dieb

Während mehrerer Jahre schien es so, dass wann immer ich nach New York fuhr, mein Auto aufgebrochen und mein Radio gestohlen wurde. Eines Tages war ich zur Hochzeit eines Freundes in Queens eingeladen. Aufgrund meiner schlechten Erfahrungen mit dem Auto dachte ich darüber nach, mit dem Zug zu fahren. Ich teilte Dipa Ma meine Bedenken mit.

„Sei nicht albern," sagte sie. „Nimm das Auto."

Also nahmen wir schließlich doch das Auto, das über ein eingebautes Sicherheitssystem verfügte. In Queens angekommen parkten wir es und gingen zur Hochzeit. Als wir wieder zum Auto zurückkehrten, entdeckte ich wie erwartet, dass erneut in das Auto eingebrochen worden war. Dieses Mal hatten sie nicht nur das Radio mitgenommen, sondern auch alle meine Kassetten.

Als wir zu Hause ankamen, fragte mich Dipa Ma: „Wie war die Hochzeit?"

„Die Hochzeit war sehr schön," antwortete ich. „Aber man hat wieder in meinen Wagen eingebrochen und das Radio ist ebenfalls gestohlen worden. Ich bin wirklich verärgert."

Dipa Ma brach in schallendes Lachen aus.

„Was ist so lustig?"

„Du musst in einem früheren Leben ein Dieb gewesen sein. Was glaubst du, wie viele Male dir das Radio noch gestohlen werden muss?“

„Sag es mir,“ bat ich. „Wie viele Male noch? Sag es mir, damit ich vorbereitet sein kann.“

Sie ignorierte meine Frage und fragte mich: „Was hast du getan? Wie hast du reagiert, als in dein Auto eingebrochen wurde?“

„Ich war wirklich ärgerlich, da es schon so oft passiert ist. Außerdem glaubte ich ein Sicherheitssystem zu besitzen.“

Sie sah mich erstaunt an. „Du meinst, dass du nicht mal an den Mann gedacht hast, der dein Radio gestohlen hat, daran wie traurig sein Leben sein muss?“

Sie schloss die Augen und begann im Stillen zu rezitieren, und ich wusste, dass sie dem Dieb Metta (Liebende Güte) sandte. Es war eine wundervolle Belehrung für mich.

Steven Schwartz

Ein weiteres Wesen, das ihrer Liebe bedurfte

Dipa Ma war sehr liebevoll und hatte etwas Großmütterliches. Wenn du zu ihr kamst, insbesondere in Indien, lautete ihre erste Frage: „Wie fühlst du dich? Was macht deine Gesundheit? Ißt du gut, wie geht es dir mit unserem Klima und unserem Essen?“ und so weiter ... Wenn Menschen ihr Zimmer betraten, schenkte sie ihnen ein einladendes Lächeln und Liebende Güte strömte von ihr aus. Es war vollkommen unwichtig, wer zu ihr kam, unter welchen Umständen und was die Person zu sagen hatte: diese Ebene war irrelevant für Dipa Ma. Was zählte, war die Tatsache, dass da ein weiteres Wesen war, das ihrer Liebe bedurfte.

Jack Kornfield

Ich habe auch ein Geschenk für dich

Während meiner ersten Indienreise begleitete mich meine Freundin Sharon Salzberg und teilte einige ihrer wertvollsten Erfahrungen mit mir. In Benares gab sie mir die besondere Süßigkeit namens Rasmali zu probieren. Sie war köstlich.

Als wir nach Kalkutta zurückkehrten, gingen wir zu Dipa Ma und sie fragte mich: „Was hat dir in Indien am besten gefallen?" Ich denke, die richtige Antwort hätte ungefähr so gelautet: „Ich habe in einem Tempel in Bodh Gaya gebetet," oder „Ich habe ein wunderschönes Bild des Buddha gesehen," oder „Ich war im Retreat." Stattdessen platzte ich mit der ersten Sache heraus, die mir in den Sinn kam: „Ich habe diese Süßigkeiten in Benares probiert, und sie waren köstlich."

Sharon warf mir einen Blick zu und ich fragte mich, was Dipa Ma wohl dachte.

Als wir Kalkutta später verließen, hielten wir auf dem Weg zum Flughafen bei Dipa Ma an, um unseren Respekt auszudrücken. Wir verneigten uns und gaben ihr ein Geschenk. „Ich habe auch ein Geschenk für dich," sagte sie und gab uns einige Rasmali.

Sie hatte Dipas Verlobten ausgeschickt, in ganz Kalkutta nach den Süßigkeiten zu suchen, die ich in Benares gegessen hatte. Ich war sehr berührt von ihrer Geste und ihrem Interesse, mir einen Herzenswunsch zu erfüllen – was immer auch meine Sehnsucht war, sie würde diesen Teil in mir nähren.

Steven Schwartz

Liebende Güte für Deine Mutter

Ich traf einen Mann, der in den späten 60ger und frühen 70ger Jahren in Indien praktiziert hatte. Er war ein eifriger Meditierender. Er rasierte sich den Kopf, trug weiße Kleidung und hatte Jahre in Tempeln, Ashrams und Klöstern verbracht. Seine Eltern hassten ihn. Er war etwa Anfang 30 und seine Eltern waren der Meinung, dass er Medizin oder Jura studieren sollte. Insbesondere seine Mutter war unglücklich. Es war, als ob er gestorben wäre, als ob sie einen Sohn verloren hätte.

Wann immer er zu Dipa Ma kam, fragte sie ihn nach seiner Mutter. „Wie geht es deiner Mutter? Wenn du meditierst, praktizierst du Metta für deine Mutter? Jedesmal wenn du meditierst, solltest du deine Mutter ins Herz schließen und ihr Liebende Güte senden."

Einmal griff sie unter ihre Matratze und zog ein Bündel indischer Banknoten hervor. Sie nahm eine 100-Rupien-Note, die zur damaligen Zeit einen Wert von ca. zwölf Dollar hatte, was für Dipa Ma eine Menge Geld war. Sie legte das Geld in seine Hände und sagte: „Kaufe ein Geschenk für deine Mutter und schicke es ihr." Das war die Art und Weise, in der sie lehrte.

JACK KORNFIELD

Streicheleinheiten für alle

Als Dipa Ma uns zum ersten Mal besuchte, waren sie und ihr Enkelsohn Rishi wegen unseres Hundes leicht verunsichert. Sie war es nicht gewöhnt, dass man einen Hund als Haustier hält. Die Hunde in ihrer Nachbarschaft waren in der Regel krank, es ergab also keinen Sinn Hunde im Haus zu halten.

Über die Wochen vollzog sich jedoch eine wundervolle Wandlung zwischen den beiden. Das Wort für „Hund“ war das erste englische Wort, das sie lernte. Jeden Morgen kam sie herunter und sagte in einem gebrochenen Englisch: „Hund, wo ist der Hund?“ Unser Hund Yeats kam auf sie zugerannt, sie beugte sich zu ihm hinunter und streichelte ihn mit Liebender Güte – in der gleichen Art und Weise, in der sie mich und die anderen Meditierenden berührte.

Yeats wusste es wirklich zu schätzen. Es war wunderschön die beiden zu beobachten, vor allem weil sie zu Anfang aufgrund ihrer kulturellen Prägung so unsicher gewesen war. Sie schloss ihn einfach ins Herz und sie wurden große Freunde. An dem Tag ihrer Abreise ging sie zu Yeats, beugte sich zu ihm hinunter und sprach ein Gebet Liebender Güte für ihn.

STEVEN SCHWARTZ

Anagarika Teddy

Als Dipa Ma 1984 in der IMS war, entdeckte ich in der Nachbarschaft einen großen Teddybären, der auf dem Müll lag und darauf wartete, abgeholt zu werden. Ich rettete ihn und gab ihn Dipa Mas Enkelsohn Rishi, der mit seiner Mutter ebenfalls nach Amerika gekommen war. Wir nannten ihn Anagarika Teddy (eine Bedeutung von „Anagarika“ ist wörtlich „Haushaltloser“). Als Dipa Ma und ihre Familie die IMS verließen, blieb Teddy in meiner Obhut und ich vergaß ihn mehr oder weniger.

Einige Jahre später reiste ich nach Indien und besuchte Dipa Ma in Kalkutta. Als sie mich sah, fragte sie mich umgehend: „Wie geht es Anagarika Teddy?“ Sie erinnerte sich sogar an einen Teddybären, der vom

Müll gerettet wurde. Ich war verblüfft und mir wurde bewusst, wie sehr sie sich erst um lebende, atmende Wesen wie mich sorgen musste.

Buzz Bussewitz

Wenn das Herz keine Angst hat

Als Dipa Ma die Insight Meditation Society verließ, hatte sich eine große Gruppe von uns um sie versammelt. Wir hielten uns an den Händen und waren bereit, ihr auf Wiedersehen zu sagen. Bevor sie ins Auto stieg, wandte sie sich aus irgendeinem Grund zu mir hin. Sie nahm meine Hände, schaute mir aus unmittelbarer Nähe direkt in die Augen und hielt still meine Hände fest. Sie blickte mich mit einer Mischung aus tiefer Liebe, völliger Leere und gänzlicher Obhut an. Ich erhielt eine direkte und vollkommene Überlieferung Liebender Güte ... shakti (spirituelle Energie) floss nur so aus ihr heraus. Dann drehte sie sich um und stieg langsam in den Wagen ein.

In diesem Moment zeigte sie mir eine Art von Liebe, die ich bisher nicht gekannt hatte. Es war eine seltene Form der Liebe, die keine Trennung oder Unterschiede kannte. Es war ein erster Geschmack dessen, was in der Gegenwart eines erleuchteten Wesens geschehen kann. Dieser Moment ist noch genauso kraftvoll, als wäre es gestern gewesen.

Diese Art von Liebe zu erfahren und zu sehen, dass es möglich ist, sie weiterzugeben, diente als große Inspiration auf meinem Weg. Dipa Ma ist ein Beispiel dafür, dass Liebe keine Grenzen kennt, wenn das Herz von Angst befreit ist.

Sharda Rogell

Licht in Kalkutta

Sie berührte die Stelle in meinem Herzen, die frei war von Scham und Angst, die Stelle, die sich vollkommen neu und kindlich anfühlte. So war sie und das war, was sie in jedem sah. Als ich ihre Wohnung verließ, konnte ich mich diesem Wunder, dieser Reinheit öffnen. Zum ersten Mal sah ich den Schmerz und die Armut in Kalkutta mit anderen Augen. Es erschien mir, als scheine Licht aus den Leprakranken und Bettlern, und es gelang mir, das wahre Wesen eines jeden Menschen zu sehen.

STEVEN SMITH

In unbekannten Sphären zu Hause

„Es verlangt lediglich viel Konzentration."

Dipa Ma entwickelte unter Munindras Anleitung übersinnliche Kräfte, die sie nur dann anwandte, wenn Munindra sie dazu aufforderte. Solche Kräfte werden nicht durch Einsichtsmeditation, sondern durch Konzentrationspraktiken erzielt, in denen der Geist tiefe Stadien der Versenkung erreicht, die als Jhanas bekannt sind. Dipa Ma besaß die Fähigkeit sich willentlich in jede der acht klassischen Jhanastufen zu begeben und so lange in ihnen zu verweilen, wie ihr beliebte. In den tieferen Jhanas können sich körperliche Prozesse manchmal fast bis zum Stillstand verlangsamen, so dass es nicht notwendig ist zu trinken, zu essen, sich zu bewegen oder auf die Toilette zu gehen. Dipa Ma konnte nach Belieben in jedes Jhana eintreten und zu einer vorhergesehenen Zeit wieder aus ihm heraustreten. Zu einer bestimmten Gelegenheit beschloss sie in das achte Jhana einzutreten und drei Tage, 21 Stunden, acht Minuten und drei Sekunden darin zu verweilen. Sie tauchte wie vorherbestimmt auf die Sekunde genau aus dem Jhana auf.

Als Dipa Ma nach Indien zurückkehrte, hörte sie auf die übersinnlichen Kräfte zu praktizieren. Sie war der Meinung, dass sie das Ego involvieren und somit ein Hindernis für die Befreiung darstellen. Munindra war mit ihr einer Meinung: „Diese Kräfte sind unwichtig", sagte er. „Erleuchtung ist wichtig. Du brauchst Weisheit, um diese Kräfte anzuwenden. Du solltest sie nicht mit dem Ego gebrauchen, denn sie gehören dir nicht. Du kannst sie nicht anwenden und denken, dass du diese Kräfte besitzt. Das ist nicht Weisheit."

Jack Engler fragte Dipa Ma einmal, ob sie immer noch die übersinnlichen Kräfte besäße, die sie Jahre zuvor unter Munindras Anleitung erlangt hatte.

„Nein“, sagte sie.

„Könntest du sie wiedererlangen?“

„Ja, aber es würde längere Zeit in Anspruch nehmen.“

„Wie lange?“, fragte Jack, in dem Glauben, dass es sich um Monate oder Jahre handelte.

„Oh, etwa drei Tage,“ antwortete sie, „wenn ich wirklich praktizieren würde.“

Man geht davon aus, dass es sechs höhere Kräfte gibt: fünf irdische Kräfte, die durch einen außergewöhnlichen Grad an Konzentration im vierten Jhana erlangt werden, und eine überirdische Kraft, die sich nur durch die Praxis von Einsicht erreichen lässt und als ein Zeichen vollkommener Erleuchtung gilt. Die fünf irdischen Kräfte finden sich in allen schamanischen und yogischen Traditionen und treten bei einigen Menschen spontan auf.

Irdische Kräfte sind:

Magische Kräfte:
die Fähigkeit eine der vier grundlegenden Elemente der physischen Welt (Erde, Luft, Feuer und Wasser) in ein anderes Element umzuwandeln.

Das göttliche Gehör:
die Fähigkeit Geräusche nah und fern, auf der Erde und in anderen Sphären zu hören.

Das göttliche Auge:
die Fähigkeit in die Zukunft zu blicken, Dinge nah und fern, auf der Erde und in anderen Sphären zu sehen.

Die Kenntnis über eigene frühere Leben und frühere Leben anderer.

Die Kenntnis über Geisteszustände anderer Wesen; die Fähigkeit Gedanken „zu lesen" bzw. zu wissen, was im Geist eines anderen vorgeht.

Dipa Ma führte jede einzelne dieser Kräfte Munindra vor, der ihre Fähigkeit bestätigte. Die folgenden Darlegungen basieren auf den Erinnerungen Munindras sowie einiger ihrer Schüler.

Einst befand sich Munindra in seinem Zimmer, als er vor seinem Fenster etwas Ungewöhnliches bemerkte. Er entdeckte Dipa Ma in der Luft, wie sie ihn angrinste. Sie war dabei, in der Nähe der Baumspitzen ein Zimmer in den Himmel zu bauen. Indem sie das Element Luft ins Erdelement verwandelt hatte, war es ihr möglich, ein Gebilde in die Luft zu bauen.

Weitere ungewöhnliche Begebenheiten fanden statt, indem sie dichte Elemente in Luft verwandelte. Manchmal erschienen Dipa Ma und ihre Schwester spontan zu den Interviews mit Munindra. Und gelegentlich verließ Dipa Ma Munindras Wohnung durch die geschlossene Zimmertür. Wenn sie in einer besonders spielerischen Stimmung war, stand sie von ihrem Stuhl auf, bewegte sich auf die nächste Wand zu und ging direkt durch die Wand hinaus.

Dipa Ma lernte kochen, indem sie das Feuerelement direkt aus ihren Händen entstehen ließ. Sie konnte ebenfalls das Erdelement in Wasser verwandeln, was sie Munindra demonstrierte, indem sie in einen Fleck Erde tauchte und mit nasser Kleidung und Haaren wieder auftauchte. Wenn sie nachts alleine durch die Straßen ging, verdoppelte Dipa Ma ihren Körper und schuf sich auf diese Weise eine Begleitung, die sie vor jeglicher Belästigung schützte.

Dipa Mas Fähigkeiten wurden einst von einer dritten Seite getestet und bestätigt. Munindra kannte einen Professor für alte indische Geschichte an der Magadh-Universität, der große Zweifel hatte, was die übersinnlichen Kräfte betraf. Munindra bot ihm an, die Existenz solcher Kräfte unter

Beweis zu stellen, und beide dachten sich ein Experiment aus. Der Professor setzte einen vertrauenswürdigen Studenten in ein Zimmer, in dem Dipa Ma meditierte, um sie zu beobachten und sicherzustellen, dass sie das Zimmer nicht verließ. An dem vereinbarten Tag überprüfte der Student, dass Dipa Ma ihre Meditationshaltung nicht aufgab; gleichzeitig jedoch erschien sie in dem zehn Meilen entfernten Büro des Professors und unterhielt sich mit ihm.

Zu einem anderen Zeitpunkt nutzten Dipa Ma und Hema ihre übersinnlichen Kräfte gleichzeitig, um einen Bus in Bewegung zu setzen. Eines Nachmittags warteten sie in Rangun an der Bushaltestelle. Als der Bus endlich nach über einer Stunde Verspätung ankam, wurde ihnen bewusst, dass sie ihren Termin verpassen würden. Da es ihnen wichtig war pünktlich zu sein, sammelten sie ihre gesamte Konzentration und versetzten den Bus wieder in die geplante Fahrzeit zurück. Munindra berichtete: „In einem Zustand von Samadhi (Versenkung) fassten sie den festen Entschluss, den Bus, in dem sie sich befanden, zu bewegen. Sie verkürzten Zeit und Distanz. Dies ist möglich. Der Buddha tat das Gleiche mit Angulimala. Angulimala versuchte den Buddha zu töten und lief ihm hinterher. Aber obwohl der Buddha sich nicht bewegte, gelang es Angulimala nicht, ihn zu erreichen. Der Buddha setzte seine übersinnlichen Kräfte ein und hielt den Abstand zwischen ihnen immer gleich. Es ist ganz einfach."

Dipa Ma besaß die Fähigkeit zu hören und zu sehen, was in anderen Zeiten und an anderen Orten vor sich geht. Als der burmesische Diplomat U Thant zum Generalsekretär der Vereinten Nationen gewählt wurde, bat Munindra Dipa Ma sich in die Zukunft zu begeben und die Eröffnungsrede anzuhören. Sie gab die Rede wieder und Munindra nahm sie auf Kassette auf. Einen Monat später hielt U Thant exakt dieselbe Rede, Wort für Wort, so wie es Dipa Ma vorhergesehen hatte.

Jenseits von Raum und Zeit

Dipa Ma erzählte, dass sie sich in die Zeit des Buddha zurückversetzen und seine Lehrreden anhören könne. Als ich sie fragte, wie sie das anstelle, lächelte sie und sagte: „Ich gehe Geistesmoment für Geistesmoment zurück." Ich muss erstaunt ausgesehen haben, denn sie lächelte und sagte: „Oh, das ist nicht notwendig, um erleuchtet zu werden." Dann lachte sie und fügte hinzu: „Es macht wirklich Spaß. Es verlangt lediglich sehr viel Konzentration." Der Blick in ihren Augen, als sie das sagte, wirkte so unglaublich frei und rein.

Michele McDonald-Smith

Das göttliche Auge sehen

Dipa Ma besaß die Fähigkeit mit wissenschaftlicher Genauigkeit in den Körper hineinzuschauen und zu beschreiben, wie Gehirn und Herz funktionierten, die den Grad ihrer Ausbildung weit übertraf. Sie berichtete Munindra von neuen Erfindungen, die in den verschiedenen Teilen der Erde gemacht wurden. Weiterhin erzählte sie von Entdeckungen, beschrieb, wie sie aussahen, wofür sie dienten und wo sie aufbewahrt wurden. Munindra hatte Wege entwickelt, wie er die Fähigkeiten seiner Schülerin testen konnte. Und wenn er ihre Beschreibungen überprüfte, fand er heraus, dass sie immer hundertprozentig zutrafen.

Munindra bat sie zu beschreiben, was im Zimmer nebenan vor sich ging, und überprüfte es dann. Dann brachte er sie dazu, systematisch ihre Kräfte der göttlichen Sicht auf immer weiter entlegene Orte auszuweiten. Es handelte sich hierbei jedoch um Orte, die er kannte. Somit hatte er die Möglichkeit, die Genauigkeit ihrer Beschreibungen zu überprüfen. Sie war beispielsweise nie in Bodh Gaya gewesen und er ließ sich von ihr beschreiben, wo sich der Bodhibaum befand und welche Dinge von der Antike übrig geblieben waren. Er war viele Jahre Oberaufseher des Tempels gewesen und kannte die kleinsten Details der Anlage.

Jack Engler

Dipa Ma konnte nicht nur jeden Ort dieser Erde besuchen, sie besaß auch die Fähigkeit sich in die verschiedenen Daseinsbereiche zu begeben, die in der buddhistischen Kosmologie beschrieben werden – zum Beispiel die Himmels- und Höllenbereiche. Sie beschrieb die verschiedenen Wesen, die sich dort befanden und was sich um sie herum begab. Hin und wieder berichtete sie von ihren Reisen in andere Dimensionen.

Himmelsbereich

Während des Drei-Monats-Retreats in der Insight Meditation Society machten wir an einem kristallklaren Herbsttag in Neuengland einen Spaziergang. Der Himmel war blau, es waren nur wenige Wolken am Himmel und die Bäume bildeten ein flammendes Zusammenspiel von Licht und Farben. Wir saßen auf den Steinen am See und das Wasser spiegelte die Farben der Bäume wider.

Wir waren eine Reihe von Leuten und einer von uns sagte zu Dipa Ma: „Genauso müssen die Himmelsbereiche aussehen“ – wir wussten, dass sie in die verschiedenen Bereiche gereist war. Sie blickte ihn an und sagte: „Nein, die sind vollkommen anders. Das hier ist o.k., aber es kommt nicht im Entferntesten den Himmelsbereichen gleich.“

Jack Kornfield

Dipa Mas göttliches Auge befähigte sie, in die Zukunft ihrer Schüler zu blicken. „Sie sah die Laufbahn meiner Lehrtätigkeit zu einem Zeitpunkt in meinem Leben voraus, zu dem ich noch überhaupt nicht lehrte," berichtet Joseph Goldstein. „Ich glaube, sie sah meinen gesamten Lebensweg."

Wissen über die Zukunft

> Gegen Ende des Drei-Monats-Retreats sagte sie zu mir: „Wenn du nach Hause zurückkehrst, wirst du Metta (Meditation der Liebenden Güte) in Krankenhäusern unterrichten." Diese Aussage erstaunte mich, da ich bisher keinerlei Kontakt zu irgendwelchen Krankenhäusern gehabt hatte. Aber ich dachte mir: „Okay."
>
> Ich war noch keinen Monat nach Hause zurückgekehrt, als ich einen Anruf des Kinderkrankenhauses erhielt und man mich fragte, ob ich das Biofeedback-Zentrum leiten könne. Es war erstaunlich. Ich dachte mir: „Okay, das ist der Krankenhausteil." Es war ein Kinderkrankenhaus und die meisten Kinder kamen mit stressbedingten Problemen wie Migräne, Bauchschmerzen, Phobien und verschiedenen anderen Schwierigkeiten. Also lehrte ich sie Metta. Biofeedback diente als offizieller Rahmen, aber was ich sie wirklich lehrte, war, wie sie Liebende Güte an sich selbst, ihre Beschwerden und die anderen Kinder richten konnten. Ich fragte mich, ob sie mir den Job gesandt hat, oder wusste, dass ich ihn bekäme. Als ich den Anruf bekam, war es, als ob Dipa Ma mich gerufen hätte.
>
> Michelle Levey

Dipa Ma besaß ebenfalls die ungewöhnlich starke Fähigkeit telepathisch mit ihren Schülern zu kommunizieren.

Jenseits von Sprache

Im Rahmen meiner Mithilfe im Retreat hatte ich während der letzten zwei Wochen den Abwasch in ihrem Haus erledigt. Als ich ihr mitteilte, dass ich bald gehen würde, bot sie mir an, mir ihren Segen zu geben. Sie stellte mir allerlei großmütterliche Fragen, ob ich verheiratet sei und was für einer Arbeit ich nachging. Dann sagte sie etwas in Bengalisch, legte ihre Hände auf meinen Kopf und es war, als ob ich von einem Blitz getroffen wurde. Plötzlich hatte ich das Gefühl, dass sie genau wusste, was in meinem Geist vorging, und wir kommunizierten auf einer Ebene, die sich jenseits von Sprache bewegte.

... die Kommunikation fand zwischen der Essenz ihres und meines Geistes statt ... es handelte sich um eine reine Kommunikation zwischen unserem Bewusstsein. Ich hatte das Gefühl in einer guten Art und Weise vor den Kopf gestoßen zu werden ... Nachdem ich ihren Segen erhalten hatte, spürte ich eine unglaubliche Euphorie. Als ich die Insight Meditation Society betrat, hatte ich den Eindruck über den Boden zu schweben.

Carol Constantian Lazell

Von Geist zu Geist

Wann immer ich mit Schwierigkeiten in der Meditation zu Dipa Ma kam, blickte sie mir mit ihrem ruhigen und tiefen Blick in die Augen. Noch ehe der Übersetzer zu sprechen begann, spürte ich ein Kribbeln am Hinterkopf. Irgendetwas machte „klick“ und das Problem sowie die damit verbundenen emotionalen Schwierigkeiten verschwanden einfach.

Ich glaube, dass sie telepathische Fähigkeiten besaß, direkt mit anderen in Kontakt treten und mit ihnen arbeiten konnte. Still lehrte sie mich, dass die Lösung eines jeglichen inneren Problems in dem zugrundeliegenden Geisteszustand lag, und nicht in ihren Worten oder irgendeiner technischen Angleichung der Aufmerksamkeit. Sie gab mir die Antwort auf meine Schwierigkeiten, indem sie einen anderen Bewusstseinszustand mit mir teilte, in dem das Problem einfach nicht existierte. Es war eine plötzliche, spontane Veränderung, vergleichbar mit einer chiropraktischen Anwendung.

Daniel Boutemy

Anhaltendes Lächeln

Ich hatte lange Zeit in Indien studiert und praktiziert und befand mich in einer besonders schwierigen Lebensphase. Ich war kurz davor, in die Staaten zurückkehren, wo ich das Drei-Monats-Retreat in der IMS leiten würde. Auf meinem Weg nach Hause beschloss ich in Kalkutta Halt zu machen und Dipa Ma einen letzten Besuch abzustatten. Ich erinnere mich daran, dass es ein schrecklich heißer Tag war: 35 Grad, Smog und Dreck. Ich drückte meinen Respekt aus, indem ich mich vor ihr verneigte, und wir redeten einige Zeit. Zum Abschied gab sie mir die übliche ‚Bärenumarmung' und sprach ihren Segen. Ich kniete zu ihr nieder, womit wir auf gleicher Höhe waren.

Für ihren ‚Extra-Spezial-Segen' nahm sie meine Hände, strich mir über den Kopf und den ganzen Körper und rezitierte dabei buddhistische Gebete. Es erschien mir wie ein sehr lang anhaltender Segen. Zunächst war es einfach sehr schön, aber als sie weitermachte, fühlte es sich besser und besser an. Als sie zum Ende kam, spürte ich eine Öffnung und auf meinem Gesicht lag ein Grinsen, das sich von einem Ohr zum anderen erstreckte.

„Geh und lehre alle diese Menschen gut im Retreat", sagte sie. „Geh mit meinem Segen." Es war, als ob dich deine Großmutter mit ihren guten Wünschen auf den Weg schickte.

Ich verließ ihre Wohnung, trat in das schwelende Kalkutta und nahm ein Taxi zum Flughafen Dum Dum. Die Fahrt dauerte ungefähr zwei Stunden. Ein unentwegt hupender Fahrer versuchte sich zwischen Rickschas, Verkehr, Rauch, Abgasen, einer unglaublichen Hitze und Feuchtigkeit, Armut und Schmutz weiterzubewegen. Schließlich kam ich am Flughafen an und ging durch den indischen Zoll, was eine weitere Stunde in der Schlange stehen bedeutete. Man durchsuchte meine Sachen, ich wurde verhört und meine Dokumente wurden abgestempelt. Schließlich stieg ich zu einem zweistündigen Flug nach Bangkok ins Flugzeug ein.

Der Flughafen in Bangkok glich dem Flughafen von Los Angeles, er war riesig; erneut lange Warteschlangen, Zoll und eine anderthalbstündige Fahrt durch die überfüllten Straßen von Bangkok zu meinem Hotel. Während der gesamten Fahrt hörte ich nicht auf zu grinsen. Der Flug, lange Warteschlangen, Zoll, Taxifahrten, Staus – und ich saß einfach da mit einem breiten Lächeln auf dem Gesicht. Es wollte nicht aufhören, es war einfach bemerkenswert.

Jack Kornfield

Ein Regen von Segen

Michelle Levey und ihr Ehemann Joel baten Dipa Ma 1984 eine Hochzeitszeremonie für sie zu halten. Am Ende der Zeremonie blickte sie uns zärtlich an und sagte: „Wir werden nun eine Hochzeitsmeditation durchführen". Wir knieten nieder, Dipa Ma legte ihre Hände auf unsere Stirn und gab uns ihren Segen. Es fühlte sich an, als ob unsere Schädeldecken weggeblasen würden und unsere Köpfe sich dem Raum vollkommen öffneten. Sie schüttete Frieden und Liebende Güte in unsere offenen Schädeldecken und es fand ein tiefes, zartes, und verbindendes Zusammenschmelzen unserer Seelen statt. Keiner von uns hatte jemals etwas derartiges erlebt.

Nach ihrem Segen gingen wir zu einem Spaziergang in den Wald hinter dem Meditationszentrum. Es war ein klarer, frischer Dezembertag ohne eine Wolke am Himmel. Als wir durch den Wald gingen, hörten wir ein Geräusch, so als ob Reis auf uns regnen würde. Es hörte sich an wie Hagel – tsch, tsch, tsch – im gesamten Wald um uns herum. Wir schauten nach oben, aber der Himmel war klar und blau. Es war wie ein Regen von Segen. Wir gingen weiter und es geschah eine seltsame Verzerrung in Raum und Zeit. Wir liefen und liefen und hatten das Gefühl sehr weit gegangen zu sein – aber in einer mysteriösen Art und Weise wurden wir genau an den Ort zurückgeführt, wo wir gestartet waren.

JOEL UND MICHELLE LEVEY

Dipa Ma berichtete von einer unerwarteten Begegnung mit dem Paranormalen, die sich nach ihren Angaben auf ihre Praxis der ethischen Richtlinien zurückführen ließ.

Das Haus von nirgendwo

In buddhistischen Ländern halten viele Menschen vier Tage im Monat acht ethische Richtlinien ein und gehen bei Vollmond in den Tempel. An einem Vollmondabend beschlossen eine Bekannte und ich zum Tempel zu gehen.

Als wir das Haus verließen, fing es leicht an zu regnen. Als wir an der Bushaltestelle ankamen, verstärkte sich der Regen und als wir schließlich aus dem Bus ausstiegen, regnete es in Strömen und die Straße, die zum Tempel führte, war überflutet. Wir wurden bereits im Tempel erwartet, aber wir konnten nicht weitergehen, da wir durchnässt waren und vor Kälte zitterten.

Dann fuhr ein Auto an uns vorbei. Der Fahrer bot uns an, uns zu einem in der Nähe gelegenen Haus zu fahren, wo wir den Regen abwarten könnten. Er hielt vor dem Tor eines geschmückten Hauses an. Wir traten in das Haus ein und warteten, bis der Regen aufhörte. Fünfzehn Minuten später eilten wir dann zum Tempel.

Dort fragten uns die Leute: „Oh, ihr seid ganz nass. Wie ist das passiert?“ Wir erzählten ihnen, dass es heftig geregnet hatte und die Straßen überflutet waren, als wir aus dem Bus stiegen, und dass wir weiterhin ein Haus gefunden hatten, in dem wir Schutz gesucht hatten. Wir beschrieben ihnen das neu gebaute Haus. Aber den Ortsansässigen und den Mönchen des Tempels, die täglich zum Almosengang in die besagte Gegend gingen, war das beschriebene Haus gänzlich unbekannt.

„Natürlich könnte ich einen Fehler in meiner Beschreibung gemacht haben“, sagte ich, „aber wir haben dort 15 bis 20 Minuten gewartet, also muss es ein Haus dort geben.“ Wir diskutierten eine Weile und schließlich beschlossen wir hinzugehen und nachzusehen. Zunächst hörten wir uns den Dharmavortrag an und auf unserem Nachhauseweg versuchten wir das

Haus ausfindig zu machen. Wir gingen zurück in die besagte Gegend, konnten das Haus allerdings nicht wiederfinden. Wie konnte es sein, fragten wir uns, dass wir in ein Haus gegangen waren, das jetzt nicht mehr da war? Wir versuchten es in einer anderen Straße, aber auch hier konnten wir es nicht finden.

Am nächsten Tag sagte uns der Mönch des Tempels, dass er nach dem beschriebenen Haus gesucht hatte, es jedoch auch nicht finden konnte. Wir gingen zurück und suchten erneut nach dem Haus, wieder ohne Erfolg. Es entstand eine heftige Diskussion. Schließlich kamen wir zu dem Schluss, dass wir aufgrund unserer Dharmapraxis und der Praxis von Sila (die ethischen Richtlinien) sowie der Tatsache, dass wir zu den Göttern gebetet und um Schutz gebeten hatten, uns diese zu Hilfe gekommen waren und uns vor dem Regen beschützt hatten.

Deshalb betone ich immer wieder die Wichtigkeit von Sila. Mit Sicherheit wird euch jemand helfen und euch vor allerlei Unheil beschützen. Das ist meine eigene Erfahrung. Wir waren zu zweit, deshalb weiß ich, dass ich nicht geträumt oder mir etwas eingebildet habe. Die Götter und Göttinnen kamen uns wirklich zu Hilfe.

Dipa Ma

Ein Schüler, der dabei war, als Dipa Ma die Geschichte erzählte, erinnert sich an die folgende Antwort:

Es ist wahr

Ich mochte dieses kleine weiße Bündel, das mit der guten Absicht uns für die Praxis zu ermutigen in die Halle kam und uns Geschichten aus seinem Leben erzählte. Eine dieser Geschichten handelte von einem Haus, das zu Dipa Mas Schutz in mysteriöser Art und Weise im Regen aufgetaucht war. Denn sie war eine wahre Dienerin des Dharma. Wir amüsierten uns ein wenig über unsere gefeierte Lehrerin. Sie hatte kein Verständnis für unsere rationale Skepsis, und wir sahen sie mit Unverständnis für ihr Vertrauen an. „Es ist wahr," sagte sie und es wurde still im Raum.

LESLEY FOWLER

Furchtlose Töchter des Buddha

„Ich kann alles erreichen, was ein Mann erreichen kann.“

Selbst als Witwe und allein stehende Mutter, die den spirituellen Weg innerhalb der Grenzen eines buddhistischen, patriarchalischen und hierarchischen Systems ging, zweifelte Dipa Ma niemals daran, das höchste Ziel der Befreiung erreichen zu können. Zum damaligen Zeitpunkt und am damaligen Ort gab es keine „Frauenbewegung“ oder etwas Vergleichbares; Dipa Ma befreite sich selbst. Wie sie einst sagte: „Die Töchter des Buddha sind furchtlos.“

Bevor Dipa Ma mit der Meditationspraxis begann, war sie häufig ängstlich und fühlte sich abhängig von anderen Menschen. Wenn man ihren persönlichen und kulturellen Hintergrund in Betracht zieht – Hochzeit im Alter von zwölf Jahren, Begrenzung auf das Haus ihrer Schwiegereltern, absolute Unterordnung unter den Ehemann – ist es erstaunlich, dass sie sich zu einer solchen Freidenkerin entwickelte. Sie bestand beispielsweise darauf, dass ihre Tochter Dipa die Universität besuchte, und bestärkte sie später darin, ihren Mann zu verlassen.

Dipa Ma nahm die Schwierigkeiten der Frauen in ihrer Umgebung zur Kenntnis und bestand darauf, dass sie ebenfalls den Weg der Befreiung gingen. Sie sagte zu ihrer Schülerin Pritimoyee Barua: „Wenn du in diese Welt hineingeboren bist, wird dir viel Leid begegnen, insbesondere als Frau. Das Leben einer Frau ist sehr schwierig. Aber du brauchst dir deshalb keine Sorgen zu machen. Du musst lediglich mit deiner Praxis fortfahren. Mach dir keine Sorgen, weil du dich um deinen Mann und die Kinder kümmern musst. Der Dharma wird für dich sorgen. Alles wird sich mit der Hilfe des Dharma lösen. Neben der spirituellen Anleitung gab Dipa Ma ihren

Schülerinnen häufig praktische Ratschläge für den Alltag. Eine Hausfrau aus Kalkutta erinnert sich, dass Dipa Ma ihr predigte: „Du solltest nicht denken, dass eine Frau hilflos ist. Du bist nicht hilflos. Als Erstes solltest du eine Ausbildung machen und dann deine Dienste zur Verfügung stellen. Wenn du dich um deine wirtschaftlichen Belange kümmerst, wirst du unabhängig sein."

Am meisten ermutigte Dipa Ma andere jedoch durch ihr eigenes Beispiel. Sie war eine Meisterin in einer fast ausschließlich männlich dominierten monastischen Tradition. Sie war eine der ersten weiblichen asiatischen Meister, die nach Amerika eingeladen wurden, um Meditation zu lehren. Dipa Ma legte keinen Wert auf derartige Errungenschaften, dennoch bietet ihr außergewöhnliches Beispiel Frauen aus allen Kulturkreisen Inspiration und Ermutigung.

Die Herausforderung der Tradition

> Eines Tages saßen wir alle bei Dipa Ma auf dem Boden, das Zimmer war überfüllt und es war heiß. Munindra saß auf einem Stuhl in der Ecke und sprach zu Mas Schülern über Dharma und die Praxis. Er und ich waren die einzigen Männer im Raum. Während er sprach, saß Ma mit geschlossenen Augen zurückgelehnt auf ihrem Holzbett. Sie fühlte sich nicht gut und es sah aus, als würde sie schlafen. Das Gespräch drehte sich um das Thema Wiedergeburt und irgendwie kam Munindra auf die Wiedergeburten des Buddha zu sprechen. Da es Teil der Tradition war, erwähnte Munindra ohne weiter nachzudenken, dass nur Männer vollkommene Erleuchtung erlangen könnten: um ein Buddha zu werden, sei es notwendig, in einem männlichen Körper wiedergeboren zu werden (laut der Kommentare, nicht der Orginaltexte). Plötzlich richtete sich Ma mit weit geöffneten Augen gerade auf und sprach mit tiefster Überzeugung: „Ich kann alles erreichen, was

ein Mann auch erreichen kann." Unsere Reaktion war ebenso spontan wie die von Dipa Ma: wir fingen alle an zu lachen, Munindra eingeschlossen. Ich denke, wir waren uns alle bewusst, dass ihre Aussage absolut der Wahrheit entsprach.

JACK ENGLER

Gefühle sind kein Hindernis

Ich war überrascht, als Dipa Ma erklärte, dass Frauen im Vergleich zu Männern aufgrund der Weichheit ihres Geistes tiefer und schneller in die Praxis einsteigen könnten. Diese Formbarkeit ginge einher mit mehr Gefühl und Beweglichkeit des Geistes. Viele Frauen glauben fälschlicherweise, dass Gefühle ein Hindernis für die Praxis darstellen. Dipa Ma war jedoch der Auffassung, dass erhöhte Emotionalität kein Hindernis für die Praxis sei. Sie gab uns folgenden Ratschlag: „Beobachte deine Gefühle lediglich, ohne dich mit ihnen zu identifizieren. Und praktiziere die Achtsamkeit des Benennens und der Konzentration."

MICHELLE LEVEY

Sanftheit und Stärke

Dipa Ma war eine Mischung aus Sanftheit, Aufrichtigkeit und Stärke. Die Tatsache, dass sie eine Frau mit so viel Tiefe und Autorität war, war etwas ganz Besonderes. Sie entsprach nicht im Geringsten dem Bild einer Führungsperson. Sie war keine 1,80 m groß und trug keinen Anzug. Sie war ein knochiges, kleines Etwas. Sie war außergewöhnlich und weit über ihre

Grenzen hinausgegangen. Sie zeigte mir, dass auch ich diese Fähigkeit besaß.

Kate Wheeler

Ein Leuchtturm

In der Zeit, als ich Dipa Ma begegnete, gab es in erster Linie männliche Leitbilder, männliche Lehrer und männliche Buddhas. Einer Hausfrau zu begegnen, die mit ihrer Tochter und ihrem Enkelsohn zusammenlebte und ein solch hohes Maß an Verwirklichung erlangt hatte, bewegte mich mehr, als ich jemals werde in Worte fassen können. Sie verkörperte das, was ich aus tiefstem Herzen sein wollte. Zum Zeitpunkt unserer Begegnung fühlte ich mich der Praxis bereits sehr verbunden. Dipa Ma zeigte mir jedoch, dass wirkliche Befreiung erfahrbar war. Sie lebte es einfach. Es war nicht irgendeine intellektuelle Idee. Für mich als Frau und Laiin bedeutete die Begegnung mit ihr Folgendes: „Wenn sie es schaffen kann, kann ich es auch schaffen." Sie ist wie ein Leuchtturm ... ein Licht, an dem ich mich orientiert habe, als ich den Mut brauchte, den spirituellen Weg weiterzugehen.

Michele McDonald-Smith

Genug

Ich stamme aus Kalifornien und meine persönliche Vorstellung von einer starken Frau war die einer Amazone, die mit einer Kettensäge auf das Hintere eines Pickups springt und die Welt erobert. Dipa Mas Stärke war dagegen eine Kraft, die das Herz berührt.

Ich fühlte mich gänzlich von ihr durchschaut. Es gab jedoch keinen Anlass mich zu schämen oder mich vor ihr zu verstecken, da ich mich gleichzeitig vollkommen angenommen und geliebt fühlte. Ich erinnere mich daran, dass ich meinen Freunden zu Hause einen Brief schrieb, nachdem ich diese Art von Liebe erfahren hatte. Ich teilte ihnen mit, dass meine Reise an diesem Punkt hätte enden können. Dieser tiefen Liebe begegnet zu sein, war mehr als genug.

AJAHN THANASANTI

Es besteht Hoffnung für Männer

Dipa ma sagte einmal: „Frauen haben einen Vorteil gegenüber Männern, weil sie über einen subtileren Geist verfügen. ... es mag für Männer schwer sein, das zu verstehen, da sie nun einmal Männer sind. Ich fragte sie: „Gibt es denn Hoffnung für uns?“ Und sie antwortete: „Buddha war ein Mann, und Jesus war ein Mann. Also besteht auch Hoffnung für Männer.“

JOSEPH GOLDSTEIN

Psychologische Untersuchungen mit Dipa Ma und Hausfrauen aus Kalkutta

Nach einem Jahr intensiver Meditationspraxis unter Munindras Anleitung wandte ich mich hinsichtlich meiner Doktorarbeit, die sich mit dem Vorgang und den Ergebnissen von Einsichtsmeditation beschäftigte, an meinen Lehrer. Ein Teil meiner Arbeit bestand in dem Versuch klassische und zeitgenössische Darlegungen von mit Erleuchtungserfahrungen einhergehenden Veränderungen zu validieren. Es war nicht einfach Versuchspersonen ausfindig zu machen, da ich Praktizierende benötigte, die mindestens den „ersten Pfad“ bzw. die erste Erleuchtungsstufe erreicht hatten. Für einen indischen Lehrer war dies eine unorthodoxe Bitte und Munindra zeigte sich zunächst zögerlich.

Nach vielen Diskussionen war er dann doch einverstanden und brachte mich zu seinen erfahrensten Schülern nach Kalkutta. Der Schlüssel in dieser Angelegenheit war Dipa Ma, die sich ebenfalls als skeptisch erwies. Letztendlich stellte sie mich jedoch einer Reihe von ihren Schülerinnen vor und stellte sich selbst sowie ihre Tochter Dipa als Versuchsobjekte zur Verfügung. Und auch Munindra war bereit an der Untersuchung teilzunehmen.

Dipa Ma motivierte eine Reihe von Frauen mittleren Alters oder älter für die Untersuchung. Man darf nicht vergessen, dass es für indische Frauen unüblich war, alleine das Haus zu verlassen; diese Frauen gehörten bis auf eine Ausnahme der älteren Generation an und die meisten von ihnen waren ausreichend damit beschäftigt, sich um die indische Großfamilie zu kümmern. Ich hatte gehört, dass Frauen bessere Meditierende seien. Ich habe niemals wirklich verstanden warum. Ich wandte mich an Dipa Ma, insbesondere interessierte es mich, ob Frauen dazu tendierten, tiefer in die Praxis einzusteigen. Mehrere Sayadaws in Burma sowie verschiedene indische Lehrer hatten mir davon berichtet. Ma sagte lediglich, dass sie ebenso viele Männer wie Frauen kannte, die den „Pfad“ erreicht hätten. Die Männer konnten jedoch aufgrund ihrer Arbeit nicht an den Interviews teilnehmen.

So wurde Dipa Mas Wohnung 1977 mehr als sechs Monate lang zu einem Forschungszentrum, in dem systematische Interviews und psychologische Testungen mit fortgeschrittenen buddhistischen Praktizierenden durchgeführt wurden. Die meisten Interviews wurden während der heißen Jahreszeit gemacht. Wenn du jemals die dampfende, stickige und häufig trockene Hitze eines tropischen Sommers kennen gelernt hast, kannst du dir die Bedingungen in einer Stadt wie Kalkutta und die Wirkung dieses Klimas auf die Menschen und ihre Umwelt vorstellen. Während der heißesten Stunden des Nachmittags und Abends wurde in Kalkutta regelmäßig der Strom abgestellt, um die Stromvorräte der Stadt zu sparen. Wenn es uns aufgrund der Hitze überhaupt möglich war mit den Untersuchungen zu beginnen, endeten wir häufig erst, wenn es bereits dunkel und wir von Schweiß durchnässt waren. Wenn morgens die öffentlichen Verkehrsmittel in die Altstadt fuhren, war es unsicher, ob sie am Abend wieder zurückfuhren. Nachdem die Regenzeit begonnen hatte, war es häufig unmöglich zu Dipa Mas Wohnung zu gelangen. Die gesamte Straße vor ihrem Haus war bis in Kniehöhe überflutet und in den letzten Straßen musste ich eine Rickscha nehmen, in der ich mich gerade eben über dem Wasser halten konnte. Dennoch waren Dipa Mas Schülerinnen immer vor mir da.

Dipa Mas Testergebnisse, besonders die des Rorschach-Tests, waren die eindrücklichsten, die die Forscher jemals gesehen hatten. Der Rorschach-Test misst neben Persönlichkeits- auch Wahrnehmungsparameter und wurde als Spiegel einer „selbst geschaffenen Realität“ beschrieben. In Dipa Mas Fall schienen die Ergebnisse des Rorschach-Tests zu bestätigen, dass sie eine tief greifende kognitiv-emotionale Restrukturierung und psychische Integration erfahren hatte, die mit den höchsten Stufen der Erleuchtung einhergingen. Über die gesamte Reihe von Karten hinweg webte sie spontan und mühelos jede weiterführende Antwort in eine andauernde Erzählung, die die Gesamtheit der Lehren des Dharma offenbarte. Dies war ein bemerkenswertes Ergebnis, das keiner der Forscher jemals bekundet hatte (dargestellt in *„Achtsamkeitsmeditation: II,"* in *Transformationen des Bewusstseins, Ken Wilber, Jack Engler und Daniel Brown, Boston: Shambala, 1986).*

Jack Engler

Dipa Mas Vermächtnis

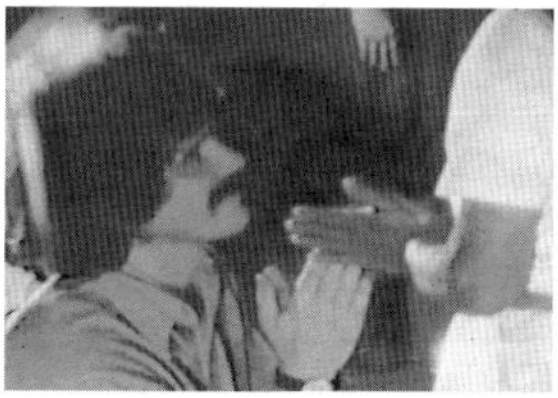

Zehn Lektionen fürs Leben

Die Geschichte von Dipa Mas spiritueller Verwirklichung ist das archetypische Beispiel all derer, die den Weg der Befreiung gehen. Die Entwicklungsstufen, die beschrieben werden – aufbrechen, sich dem Weg der Befreiung verpflichten, Schwierigkeiten begegnen und sie überwinden, Frieden erlangen und die eigene Verwirklichung mit der Welt teilen – gleichen in vieler Hinsicht den verschiedenen Stadien, die der Buddha auf seinem eigenen Weg der Verwandlung durchlief.

Nach seinem Erwachen unter dem Bodhibaum verkündete der Buddha die Vier Edlen Wahrheiten: die erste besagt, dass es Leiden gibt, und dass Leiden das Kennzeichen aller bedingten Existenz ist; die zweite edle Wahrheit besagt, dass Anhaftung die Ursache allen Leidens darstellt; die dritte Wahrheit besagt, dass wir die Möglichkeit haben, unser Leiden zu beenden; und die vierte edle Wahrheit beschreibt detailliert den Weg, der vom Leiden weg- und zum Ziel der Befreiung hinführt. Buddhistische Praxis besteht schlicht in der Beendigung von Leiden, unseres eigenen sowie des Leidens anderer.

Es war dieses implizite Versprechen, dass mein eigenes Leid aufhören könnte, das mich ursprünglich zur Meditationspraxis brachte. Und es war Dipa Mas Beispiel, das mir das Vertrauen gab, den Weg zu gehen. Dipa Ma machte mir den Pfad des Buddha als einfache Frau und Mutter zugänglich und ließ mir das große Ziel der Befreiung in diesem Leben erreichbar erscheinen.

Im Folgenden erscheinen einige Lektionen, die ich von Dipa Mas grundlegenden Belehrungen abgeleitet habe. Mögen sie dir auf deinem eigenen Weg eine Hilfe sein.

Lektion 1

Wähle eine Meditationspraxis und bleibe dabei

„Wenn du Fortschritte in der Meditation machen möchtest, bleibe bei einer Technik."

Denjenigen, die am Anfang des spirituellen Weges standen, riet Dipa Ma eine Meditationstechnik auszuwählen und sich ihr voll und ganz zu verpflichten. Gib nicht auf und springe nicht von einer Praxis zur nächsten. Wähle eine Technik, die dir entspricht, und praktiziere so lange, bis du an deine persönliche „Grenze" triffst, an den Punkt, an dem Schwierigkeiten aufzutauchen beginnen.

Ein Fehler, den westliche Schüler häufig machen, ist der, dass sie Schwierigkeiten als Problem mit einer bestimmten

Praxis deuten. Und wenn es dann schwierig wird, beginnt das „spirituelle Shopping". Vor dem Hintergrund dieser unangenehmen „Grenze" erscheinen andere Techniken immer als besonders verlockend. „Vielleicht sollte ich tibetisches Rezitieren praktizieren ... oder Sufi-Tanzen." In der Regel sind Schwierigkeiten ein Anzeichen dafür, dass die Praxis funktioniert.

Nimm dir Dipa Mas Ratschlag zu Herzen. Bleibe bei der Praxis, die du gewählt hast, und gehe damit durch Schwierigkeiten und Zweifel hindurch, durch Inspiration und Stagnation sowie durch die unvermeidlichen Höhen und Tiefen der Praxis. Wenn du auch in den schwierigsten Zeiten mit deiner Praxis verbunden bleibst, wird Weisheit entstehen.

Lektion 2

Meditiere jeden Tag

„Praktiziere jetzt und glaube nicht, dass du später mehr Zeit für die Praxis haben wirst."

Dipa Ma vertrat den festen Standpunkt, dass regelmäßige Praxis die Voraussetzung für Befreiung ist. Sie bestand darauf, dass ihre Schüler täglich Zeit für die formale Meditationspraxis einräumten, selbst wenn es sich dabei um nur fünf Minuten handelte. Für den Fall, dass sich auch das als unmöglich erweisen sollte, riet sie folgendes: „Wenn du abends im Bett liegst, sei dir wenigstens eines Ein- und Ausatemzuges bewusst, bevor du einschläfst."

Neben der formalen Meditation auf dem Kissen hielt Dipa Ma ihre Schüler dazu an, jeden Moment ihres Lebens zur Meditation zu machen. Viele ihrer Schüler waren sehr geschäftige Menschen, denen es schwer fiel, überhaupt Zeit für die Praxis aufzubringen. Dipak Chowdhury erklärte Dipa Ma, dass es für ihn aufgrund seines vollen Terminkalenders bei der Bank unmöglich sei zu praktizieren. Er verbringe seine Tage mit Kalkulationen und sein Job verlange, dass er stets auf dem Sprung sei. Er sei zu geschäftig und unruhig, um überhaupt an Meditation zu denken. Dipa Ma wollte davon nichts wissen; sie bekräftigte, dass Meditation immer möglich und nicht vom Leben getrennt sei. „Wenn du geschäftig bist, dann ist Geschäftigkeit die Meditation", sagte sie ihm. „Wenn du mit Kalkulationen beschäftigt bist, sei dir dessen bewusst. In der Meditation geht es darum, zu wissen, was du gerade tust. Wenn du zum Büro hetzt, solltest du dir der „Hast" gewahr sein. Wenn du ißt, deine Schuhe, Socken, Kleidung anziehst, sei dir dessen gewahr. Es ist alles Meditation! Selbst wenn du deine Fingernägel schneidest, bringe deinen Geist genau dorthin. Sei dir gewahr, dass du deine Fingernägel schneidest."

Für Dipa Ma war Achtsamkeit nicht etwas, was sie tat, es war das, was sie war – zu jeder Zeit. Sie war der Meinung, dass die beste Haltung, mit der man an diese Praxis herantritt, eine Haltung von Vertrauen und Willenskraft ist. Wenn dein Geist abschweift, beginne wieder von neuem. Dipa Ma machte sehr deutlich, dass das Nachlassen der Achtsamkeit kein Problem ist. „Das passiert jedem. Es ist kein beständiges Problem. Selbst wenn du die Energie und Motivation verlierst, bemerke es lediglich und verlagere die Aufmerksamkeit erneut auf einen Aspekt der Achtsamkeitspraxis, der es dir ermöglicht, die größtmögliche Präsenz aufzubringen – Gehmeditation, Achtsamkeit in alltäglichen Handlungen oder Sitzmeditation.

Lektion 3

Jede Situation ist bearbeitbar

„Jeder von uns besitzt enorme Kraft, die genutzt werden kann, um uns selbst und anderen zu helfen."

Der Buddha verließ Frau und Kind, um den Pfad der Befreiung einzuschlagen. Dipa Ma ging ihren Weg dagegen im Kontext ihres Mutterdaseins und normalen Laienlebens. Ihre Nachricht an alle Frauen lautete: „Ihr müsst nicht eure Familien verlassen, um hohe Stufen spiritueller Verwirklichung zu erlangen. Ihr könnt Ehefrauen und Mütter sein und trotzdem dem Dharma folgen."

Obwohl sie anfänglich glaubte, dass sie ihre Tochter verlassen müsse, um im Kloster in Einsamkeit praktizieren zu können, begann Dipa Ma zu verstehen, dass sie ihr Familienleben zum Teil des Weges machen konnte. Dipa Mas radikaler Ansatz bestand darin, das gesamte Leben in die Praxis einzubeziehen – einschließlich des Spülbeckens.

„Letztlich gibt es nichts in dieser Welt, an dem wir festhalten können," lehrte Dipa Ma, „aber wir können das Leben gut nutzen. Es ist nicht dazu da, dass wir es verleugnen. Das Leben findet hier statt. Und solange es stattfindet und wir gegenwärtig sind, können wir es auf die beste Art und Weise nutzen." Dipa Ma hielt nicht an einem bestimmten Lehrer, Ort oder Lebensstil fest. Die ganze Welt war ihr Kloster. Sharon Kreider erinnert sich: „In meinem idealistischen Alter, mit 20 Jahren, glaubte ich, dass alles o.k. sein würde, wenn ich nur lange genug unter der Anleitung des richtigen Lehrers praktizieren würde. Dipa Ma machte mir bewusst, dass es in der Praxis um viel mehr ging. Sie zeigte mir, was es bedeutete der ganzen Welt eine wahre Mutter zu sein. Es bedeutet das Leben in seiner ganzen Intensität wahrzunehmen: was immer dir im Leben begegnet, umarme es mit Achtsamkeit und mache alle Gegebenheiten zu deinem Lehrer."

Lektion 4

Die Praxis von Geduld

„Geduld ist eine der wichtigsten Tugenden für die Kultivierung von Achtsamkeit und Konzentration."

Geduld entsteht durch die fortwährende Begegnung mit der eigenen Grenze. Wenn du über längere Zeit praktizierst, ist es unausweichlich, dass Schwierigkeiten auftauchen. In Momenten größter Herausforderung ist das Bemühen, mit dem gegenwärtig zu sein, was gerade geschieht, manchmal alles, was möglich ist – und es ist genug.

Kate Wheeler erinnert sich daran, welche Wirkung diese Art von Praxis in Dipa Mas Leben hatte: „Sie ist in der Meditation durch jede erdenkliche Art von Leiden hindurchgegangen. Als sie dann später wieder aus dem Feuer heraustrat, lag etwas sehr Entschiedenes, beinahe Angsteinflößendes in der Weise, wie sie dich anschaute. Sie hatte sich selbst gesehen, ohne irgendeinen Teil ihres Wesens auszublenden. Durch ihr eigenes Beispiel zeigte sie, dass es unmöglich ist, einfach herumzusitzen und über Erleuchtung nachzudenken. Die Erkenntnis von Wahrheit ist nur auf der tiefsten Ebene deines Herzens erfahrbar."

Dipa Mas Tochter berichtete über die Geduld ihrer Mutter. „Einen Tag vor ihrem Tod, als ich gerade dabei war, mich für die Arbeit fertig zu machen, betrug sich mein Sohn Rishi, der damals elf Jahre alt war, sehr schlecht. Ich wurde wütend und als ich versuchte ihm eine Ohrfeige zu geben, versteckte er sich hinter meiner Mutter. Sie erlaubte mir nicht ihn zu berühren. Ich war sehr aufgebracht und schrie sie an: ‚Du hast ja keine Ahnung, er macht mich verrückt ... Ich möchte ihn bestrafen!' Meine Mutter kam auf mich zu und sprach mit sanfter und langsamer Stimme zu mir: ‚Dipa, du bist meine Tochter und auch du hast dich einst verrückt aufgeführt. Ich habe dich deshalb nicht aus dem Haus geworfen.' Sie hielt mich dazu an zärtlich und geduldig zu sein und sanft zu sprechen. Ich erinnere mich, dass es mir eine wichtige Lehre war."

Geduld ist eine Praxis fürs Leben, die über die Jahre entwickelt und verfeinert werden muss. Dipa Ma war der Auffassung, dass Geduld ein wesentlicher Bestandteil im geistigen Reifungsprozess ist und somit eine der wichtigsten Qualitäten, die es zu entwickeln gilt.

Lektion 5

Befreie deinen Geist

„Dein Geist besteht lediglich aus Geschichten."

Dipa Ma behauptete, dass der Geist lediglich aus Geschichten besteht. Die persönlichen Dramen stellen das Gefühl einer individuellen Identität her und erhalten es aufrecht; wer wir sind, was wir tun, wozu wir fähig und nicht fähig sind. Wenn wir uns dieser Geschichten nicht bewusst sind, bestimmen und begrenzen sie unser Leben. Gleichzeitig sind diese Geschichten leer und besitzen keinerlei Substanz.

Dipa Ma stellte ihre Schüler auf die Probe, indem sie ihre Geschichten sowie das Festhalten an diesen Geschichten in Frage stellte: Wenn jemand sagte: „Ich kann das nicht tun," fragte sie: „Bist du sicher?" oder „Wer sagt das?" oder „Warum nicht?" Sie ermutigte ihre Schüler die Geschichten ihres Geistes zu beobachten, ihre Leerheit zu erkennen und jenseits ihrer Begrenzungen zu gehen. „Lass das Denken los," drängte sie. „In der Meditation geht es nicht um Denken."

Gleichzeitig lehrte Dipa Ma, dass der Geist kein Feind ist, den man loswerden muss. Sondern dass es darum geht, sich mit ihm anzufreunden, ihn kennen zu lernen und zu akzeptieren. Auf diese Weise hört er auf ein Problem zu sein. Dipa Ma kannte den Frieden, der diesem Prozess folgt: sie lebte in einem Zustand gedankenfreien Gewahrseins.

In einem Gruppeninterview fragte Jack Kornfield ganz unschuldig: „Wie sieht es in deinem Geist aus?“

Dipa Ma lächelte, schloss die Augen und antwortete ruhig: „In meinem Geist gibt es drei Dinge: Konzentration, Liebende Güte und Frieden.“

Jack war nicht sicher, ob er sie richtig verstanden hatte, und fragte: „Ist das alles?“

„Ja, das ist alles,“ antwortete Dipa Ma.

Es wurde still im Raum. Es folgten einige Seufzer sowie ein ruhiges Lachen und Jack flüsterte kaum hörbar: „Wie wunderbar.“

Lektion 6

Kühle das Feuer der Emotionen

„Ärger ist ein Feuer.“

Dipa Ma behandelte jeden mit ungeteilter, mitfühlender Akzeptanz – es war für sie unwesentlich, wer zu ihr kam und in welchen emotionalen Zustand er verwickelt war.

Ist es möglich den Emotionen, die in uns entstehen, mit der gleichen Art von Akzeptanz zu begegnen? Können wir unsere emotionalen Zustände als Besucher betrachten und sie freundlich behandeln? Können wir dem Ärger und anderen Gefühlen in uns einfach erlauben zu entstehen und wieder zu vergehen, ohne in einer Art und Weise zu reagieren, die zu Verletzung führen könnte?

„Es geschehen viele Dinge im täglichen Leben, die uns unlieb sind,“ sagte Dipa Ma. „Manchmal spüre ich eine gewisse Irritation, aber mein Geist bleibt kühl. Irritation kommt und geht. Mein Geist lässt sich davon nicht stören. Ärger ist ein Feuer. Aber ich empfinde keine Hitze. Es entsteht und vergeht wieder.“

Ich fühle mich sehr inspiriert von Dipa Mas Beispiel, aber

ich frage mich auch, ob es nicht gewisse Momente im Leben gibt, in denen Ärger angemessen ist. Ob es nicht wenigstens einige Situationen gibt, in denen Ärger gerechtfertigt ist? Für Dipa Ma war die Antwort eindeutig: Ärger lässt sich nicht rechtfertigen. Sie fand Mittel und Wege frei von Ärger durchs Leben zu gehen.

Sylvia Boorstein, eine Meditationslehrerin, die Dipa Ma 1980 bei sich zu Hause beherbergte, erzählte von einer Situation, in der ihr Ehemann versuchte Dipa Ma herauszufordern. „Dipa Ma sprach über die Bedeutung Ruhe und Gelassenheit zu bewahren, und mein Mann fragte sie in diesem Zusammenhang: ‚Wärst du in der Lage Gelassenheit zu bewahren, wenn jemand Rishi in Gefahr bringen oder ihn bedrohen würde?'"

„Ich würde denjenigen natürlich davon abhalten," antwortete Dipa Ma, „aber ohne Ärger."

Lektion 7

Habe Freude auf deinem Weg

„Ich bin rundum glücklich und zufrieden. Wenn du den Weg der Meditation gehst, wirst auch du glücklich sein."

Jack Engler fragte Dipa Ma, was Freude für einen Platz in der buddhistischen Praxis habe. „Das klingt alles so grau," sagte er. „Sich von Leidenschaft, Ärger und Gier befreien. Es erscheint mir wie eine Art graue Existenz. Wo ist der Saft in der ganzen Angelegenheit?"

„Oh, du hast nicht verstanden." Dipa Ma fing an zu lachen. „Im Alltag herrscht so viel Gleichförmigkeit. Wir erfahren das Leben immer durch die gleichen Brillengläser. Das Leben ist stumpf und uninteressant. Wenn Gier, Hass und Verblendung jedoch erst einmal weg sind, wirst du alles mit neuen Augen sehen. Jeder Tag, jeder Moment wird dir neu erscheinen und erfüllt sein von einem neuen Geschmack und einer neuen Lebensfreude."

Eric Kolvig erinnert sich an ein Gruppeninterview, in dem sich Dipa Mas unschuldige Art des Seins in einem unvergesslichen Bild ausdrückte. „Dipa Mas Enkel war wegen irgendetwas in der Küche sehr aufgebracht. Hartnäckig, was typisch ist für Zweijährige und Diktatoren, ließ er es seine Umwelt wissen. Dipa Ma rief ihn zu sich, legte ihn mit dem Kopf nach unten auf den Schoß und beruhigte ihn, indem sie ihn über Kopf und Po streichelte – ein altersgemäßer Segen. Ein blaugelber Spielzeuglaster lag neben ihnen. Mit unergründlicher Gelassenheit, die sie niemals verließ, hob sie den Laster hoch, setzte ihn verkehrtherum auf den Kopf und fuhr mit den Belehrungen fort. Sie behielt ihn den Rest des Interviews auf dem Kopf. So werde ich sie immer in Erinnerung behalten: wie sie ihrem Enkelsohn sanft über das Hinterteil streichelt und mit einem blaugelben Spielzeuglaster auf dem Kopf einen Dharmavortrag hält. Dipa Ma war eine spirituelle Kriegerin, die größte, der ich in meinem Leben begegnet bin. Auf ihrem Kopf wurde der Spielzeuglaster zum ehrenhaften Helm einer Kriegerin. Ich sage das nur halb im Spaß."

Lektion 8

Einfachheit

„Lebe einfach. Ein einfaches Leben ist sehr hilfreich. Zu viel Luxus ist ein Hindernis für die Praxis.“

Obwohl Dipa Ma und ihre Familie in nur zwei winzigen Zimmern lebten, nahmen die meisten ihrer Besucher die Zimmer als geräumig und von Licht erfüllt wahr. Während wir im Westen der Auffassung sind, dass es wichtig ist über viel physischen Raum zu verfügen, besaß Dipa Ma ein hohes Maß an psychischer Geräumigkeit.

Dipa Ma lebte in jeglicher Hinsicht in größter Einfachheit. Sie hielt sich von geselligen Zusammenkünften fern und ließ sich nicht in unnützes Geschwätz verwickeln. Noch mischte sie sich in die Belange anderer Leute ein. Die Richtlinie für ihr eigenes Leben und das ihrer Schüler lautete: aufrichtig zu leben und ihren Mitmenschen mit Respekt zu begegnen.

Häufig verweilte Dipa Ma in Stille. „Wann immer ich Zeit für mich alleine finde, richte ich meinen Geist nach innen,“ sagte sie. Sie verschwendete keine Zeit mit irgendwelchen Aktivitäten, die für ihr Leben bedeutungslos waren.

In der Art und Weise, in der wir in der Meditation unsere gesamte Aufmerksamkeit auf eine Sache richten, tat Dipa Ma alles mit vollkommener Präsenz, ohne bereits an die nächste Sache zu denken. „Gedanken an die Vergangenheit oder Zukunft sind Zeitverschwendung,“ sagte sie. Was immer sie auch tat, sie war vollkommen gegenwärtig: gelassen, still und einfach.

Lektion 9

Kultiviere einen Geist der Segnung

„Wenn du deine Mitmenschen segnest, wird es dir dazu verhelfen, in jedem Moment präsent zu sein."

Dipa Mas Leben war ein ständiges Segnen. Sie schenkte ihren Segen jedem, der ihr über den Weg lief. Sie segnete ihre Mitmenschen von Kopf bis Fuß, indem sie auf ihre Köpfe blies, etwas für sie rezitierte und ihnen über das Haar strich.

Dipa Ma forderte einen ihrer Schüler, der Pilot war, dazu auf, während des Fluges Liebende Güte und segensreiche Wünsche an seine Passagiere auszusenden. Sie sagte, dass es ihn wacher und die anderen gleichzeitig glücklich mache.

Ihre Segnungen beschränkten sich nicht nur auf Menschen. Bevor sie in ein Flugzeug stieg, sprach sie ihren Segen. Wenn sie mit dem Auto fuhr, segnete sie nicht nur das Auto, sondern auch den Fahrer sowie die Person, die den Wagen volltankte.

Diesen Geist der Segnung zu praktizieren, macht das Gewöhnliche zu etwas Außergewöhlichem. Es ist ein Weg von einem Moment zum anderen der Gnade des Lebens zu begegnen. Er ermöglicht uns während des gesamten Tages Dankbarkeit auszudrücken, nicht nur vor den Mahlzeiten, sondern vor jeder Verrichtung, die du tust.

Lektion 10

Der Kreis schließt sich

„Meditation schließt den ganzen Menschen mit ein."

Mein Freund und Lehrer Matthew Flickstein sagte einst zu mir: „Weißt du Amy, du bist der Wahrheit keinen Schritt näher als vor 18 Jahren, als du angefangen hast zu meditieren."

Meine Bestürzung muss offensichtlich gewesen sein.

„Du bist der Wahrheit nicht näher gekommen," sagte er, „weil du die Wahrheit bist."

Buddhisten sprechen häufig in Metaphern davon, „die Welt zu verlassen" und „in die Welt zurückzukehren", aber in Wahrheit gibt es kein Verlassen noch ein Zurückkehren in die Welt. Wir können unsere wahre Essenz weder verlassen noch zu ihr zurückkehren. Die grundlegende Wahrheit unseres Seins ist und war immer schon genau hier, sie war lediglich verdeckt von einer Schicht Unwissenheit. Du kannst sie nicht entdecken; es geht eher darum, dieser Wahrheit zu erlauben aus dem Nebel der Unwissenheit, der dich umgibt, hervorzutreten. Deine wahre Natur zu erkennen bedeutet zu verstehen, dass du mit allen Lebewesen verbunden bist, und dass du in diesem Zusammenhang für alles, was in der Welt geschieht, mitverantwortlich bist.

Das Interessante an dieser spirituellen Reise ist, dass uns der Weg unweigerlich zu unserem Ausgangspunkt zurückführt. Als Dipa von Kinderlosigkeit geplagt war, schlug ihr Ehemann vor, jedem Wesen so zu begegnen, als sei es ihr eigenes Kind. Bevor sie jedoch den buddhistischen Pfad einschlug, der ihr Leben grundlegend verändern sollte, war sie in der Trauer keine Kinder bekommen zu können versunken und versuchte „das Loch zu stopfen". Am Ende ihres Lebenswegs war Dipa Ma tatsächlich zu einer Mutter für alle Wesen geworden. An die Stelle des inneren Mangels war ein Herz getreten, das für alle offen war.

In der Gegenwart einer Meisterin: Fragen und Antworten

Die folgenden Fragen und Antworten stammen aus verschiedenen Interviews, die in den 70ern Jahren in Indien und 1980 in der Insight Meditation Society aufgenommen wurden.

Wie kann ich Vipassana-(Einsichts-)Meditation praktizieren?
Nimm eine aufrechte Sitzhaltung ein. Schließe deine Augen und folge dem Heben und Senken deiner Bauchdecke, während du atmest. Spüre den Atem. Während du das Ein- und Ausatmen beobachtest, frage dich: „Wo kann ich die Empfindungen des Atems spüren?" Richte Deine Aufmerksamkeit ausschließlich auf die Empfindungen des Atems. Es gibt nichts, was du mit dem Atem tun musst, es geht lediglich darum, die Empfindungen des Atems zu spüren. Wenn sie hart sind, lass sie hart sein. Sind sie kurz, lass sie kurz sein. Sind sie fein, lass sie fein sein. Es gibt nichts weiter zu tun, als den Atem zu spüren.

Wenn sich dein Geist in Gedanken verliert, bemerke es und mache die Notiz, „Denken", und dann komm wieder zurück zum Heben und Senken des Atems. Wenn du andere Empfindungen wahrnimmst, wie z.B. Schmerzen im Bein, dann lenke deinen Geist zum Schmerz und mache die Notiz „Schmerz". Und wenn der Schmerz nachlässt oder sich auflöst, komme erneut zur Beobachtung der Empfindungen des Atems zurück. Wenn Ruhelosigkeit erscheint, mache die Notiz „Ruhelosigkeit".

Wenn du ein Geräusch wahrnimmst, sage dir „Hören, hören" und kehre wieder zurück zum Atem. Wenn Erinnerungen kommen, erkenne sie als „Erinnerungen". Alles, was du siehst, alles, was im Geist erscheint, sei dir dessen lediglich gewahr. Wenn Visionen oder Lichter erscheinen, mache lediglich die Notiz „Sehen“ oder „Lichter“. Es gibt keinen Grund an ihnen festzuhalten. Beobachte lediglich.

In der Einsichtsmeditation beobachtest du das Heben und Senken des Atems sowie die Phänomene, die im Geist und Körper entstehen. Der Geist befindet sich im ständigen Wechsel zwischen Körperempfindungen und Gedanken, beide angenehm und unangenehm. Was immer auch erscheint, es geht darum, sich dessen gewahr zu sein, dann wird es vergehen und etwas Neues wird entstehen. Aus diesem Verständnis heraus ist Einsichtsmeditation eine Methode des Beobachtens. Auf der Ebene aller sechs Sinne (der Geist bildet laut buddhistischer Lehre den sechsten Sinn) entstehen Phänomene. Beobachte lediglich, wie sie entstehen und vergehen, und komme zurück zur Empfindung des Atems. Alles, was du beobachtest, alles, was im Geist erscheint, es gibt nichts weiter zu tun, als dir dessen gewahr zu sein.

Was ist das Ziel von Einsichtsmeditation?

Das Ziel von Einsichtsmeditation ist die Beseitigung der zehn Fesseln, welche die Knoten oder Hindernisse in unserem Geist darstellen. Indem wir die Erfahrungen eines jeden Momentes mit Gewahrsein beobachten, ist es uns möglich diese Knoten ganz allmählich zu lösen. Die zehn Fesseln bestehen aus dem Persönlichkeitsglauben (der Illusion eines unabhängigen Selbst), Zweifel, Anhaftung an Riten und Ritualen, sinnlicher Begierde, Hass, Verlangen, Verlangen nach feinstofflicher Existenz, Eitelkeit, Ruhelosigkeit und Unwissenheit.

Mit jeder Erleuchtungsstufe werden die zehn Fesseln eine nach der anderen überwunden. Wenn die vierte Stufe von Arahantschaft erreicht ist, werden sich alle Fesseln lösen. In der gleichen Art und Weise, wie Öl das Licht einer Lampe am Leben erhält, stehen die Fesseln in direktem Zusammenhang mit dem Zyklus von Geburt und Sterben. Die Fesseln sind wie Öl in unserem Geist. Je weniger Öl vorhanden ist, desto kleiner ist die Flamme. Wenn schließlich kein Öl mehr übrig bleibt, kommt die Flamme zum Erlöschen. Mit dem Erlöschen findet der Zyklus von Geburt und Sterben ein Ende. Somit liegen Geburt und Wiedergeburt in deinen eigenen Händen.

Was kann ich tun, wenn ich in der Meditation einschlafe?
Zunächst einmal ist es nichts Schlimmes, wenn du einschläfst. Beunruhige dich nicht, das kommt vor. Es nennt sich „Yogi-Schlaf". Am Anfang meiner Meditationslaufbahn war ich völlig verzweifelt; voller Energie und Enthusiasmus wollte ich die Anleitungen befolgen, was sich aufgrund enormer Schläfrigkeit leider als unmöglich erwies. Ich war so müde, dass ich nicht einmal Geh- und Stehmeditation praktizieren konnte. Fünf Jahre zuvor hatte ich unter Schlaflosigkeit gelitten. Und nun versuchte ich zu meditieren und es war unmöglich. Ich nutzte meine gesamte Kraft, um die Schläfrigkeit zu verscheuchen, aber es gelang mir nicht. Dann löste sich die Müdigkeit plötzlich auf und kehrte nie wieder zurück, selbst wenn ich mehrere Stunden nacheinander meditierte.

Ist Karma so etwas wie ein Konto, das irgendwo geführt wird? Wenn ja, wo wird es geführt?
Die Gesetzmäßigkeit von Karma liegt in unseren eigenen Händen; niemand führt ein Konto. Es wird gemäß der eigenen Taten geführt und fließt mit dem Strom des Bewusstseins weiter. Am Tag der Geburt kommen die Ergebnisse des geschaffenen Karma mit dir auf die Welt. Niemand kann freiwillig das Karma eines anderen auf sich nehmen. Du musst die Arbeit selbst leisten. Wegen des Karma schreiten manche Menschen in der Meditation langsam und andere schnell voran. Einige haben große und andere haben überhaupt keine Schmerzen.

Wenn es keine Seele gibt, wer ist es dann, der sieht, hört und versteht?
Weisheit.

Was kann man tun, wenn wenig Energie und Bemühen vorhanden sind?

Manchmal ist wenig Energie vorhanden. Manchmal ist viel Energie vorhanden. Manchmal ist wenig Bemühen da. Und manchmal ist viel Bemühen da. Das Einzige, was zu tun ist, ist geistig Notiz davon zu nehmen: „wenig Energie, wenig Bemühen". Sei dir dieses Zustandes bewusst, bis eine Art von mittelmäßiger Energie bzw. mittelmäßigem Bemühen eintritt. Es sollte ruhig, langsam und gelassen getan werden. Energie und Bemühen regulieren sich von selbst, indem man sich ihrer gewahr wird. Man sollte sich nicht zum Opfer von Energien machen.

Wie kann man lieben ohne anzuhaften?

Ein einfaches Beispiel ist das von Wasser. Nicht-Anhaftung bedeutet, dass du auf der Wasseroberfläche schwimmst. Du tauchst nicht ins Wasser ein. Du schwimmst im Wasser, ohne unterzugehen.

Stimmt es, dass Meditierende eine vegetarische Diät benötigen?

Die Frage nach vegetarischer oder nicht-vegetarischer Ernährung ist irrelevant. Was zählt, ist die Einstellung. Selbst wenn du dich vegetarisch ernährst, dein Geist aber von Gier, Hass und Verblendung verschmutzt ist, wird deine vegetarische Diät zu einer nicht-vegetarischen. Das ist es, was der Buddha lehrte. Wenn dein Geist frei ist von Gier, Hass und Verblendung, wird eine nicht-vegetarische Diät zu einer vegetarischen. Der Buddha bewertete jegliche Handlung – ob körperlich, verbal oder geistig – nach der jeweiligen Motivation.

Manchmal fühle ich mich depressiv und habe Suizidgedanken

Depressionen und suizidale Gedanken sind eine Krankheit. Sie können selbst bei verwirklichten Meditierenden auftreten. Versuche einen praktischen Standpunkt zu entwickeln. Du musst dir bewusst sein, dass ein Suizid Folgen nach sich zieht, und dass dich seine negativen Folgen mehrere Leben begleiten werden. Vergegenwärtige dir auch, dass das menschliche Leben sehr kostbar ist. Verschwende es nicht. Es ist besser Vipassana zu praktizieren und glücklich zu sein.

Ist Intelligenz wichtig für die Meditation?
Nein. Ich bin nicht sonderlich intelligent und wusste nichts über Meditation oder irgendwelche Bewusstseinszustände, als ich anfing zu praktizieren. Ich hatte lediglich Vertrauen in den Dharma und spürte, dass es dort etwas für mich zu verstehen gab. Mit diesem einfachen Vertrauen fing ich an zu praktizieren.

Was ist der Nutzen von Achtsamkeit?
Ich werde dir ein Beispiel geben. Stell dir vor, ich würde dir sagen, dass an einer bestimmten Stelle ein Schatz versteckt sei, und dich bitten, ihn zu suchen. Du würdest also aufbrechen und dich auf die Suche machen. Auf deinem Weg würdest du möglicherweise Leuten begegnen, die in einen Streit verwickelt sind. Du würdest eine Weile anhalten, ihnen dabei zuschauen und weitergehen. Dann würdest du an einer Hochzeitsfeier vorbeikommen, erneut anhalten, einige Momente verweilen und weitergehen. Auf deinem Weg würdest du möglicherweise vielen interessanten Dingen begegnen. Wenn du nicht achtsam bist, wirst du dein Ziel niemals erreichen und den Schatz finden. Wenn jedoch Achtsamkeit vorhanden ist, wirst du dich trotz Unterbrechungen und Hindernissen nicht verlieren und deinen Weg fortführen. Achtsamkeit erlaubt dir ans Ziel zu gelangen.

Sind die wichtigsten Veränderungen in deinem Leben bei intensiver Meditationspraxis oder im Alltag entstanden?

Die größten Veränderungen haben in der Meditation stattgefunden. Dann habe ich sie in meinen Alltag integriert und durch tägliche Praxis haben sie sich mehr und mehr vertieft.

Haben sich deine Sorgen allmählich aufgelöst oder sind sie plötzlich als Resultat einer einschneidenden Einsicht von dir abgefallen?

Sie fielen Schritt für Schritt von mir ab. Im Verlauf meiner Meditationspraxis entwickelte ich größere Weisheit und meine ursprünglichen Sorgen lösten sich vollkommen auf.

Wer sollte Meditation lehren?

Es gibt zwei Dinge, die für das Lehren von Meditation wichtig sind. Eine Sache ist intellektuelles Wissen und Verstehen, das andere ist die Verwirklichung der ersten oder zweiten Erleuchtungsstufe. (Es folgt Jack Kornfields Zusammenfassung von Dipa Mas Antwort.) Die Paramis (vollendete Tugenden), die für das Lehren notwendig sind, unterscheiden sich von den Paramis der Praxis. Es handelt sich um zwei unterschiedliche Fertigkeiten. Einige Menschen verfügen über reife und tiefe Erfahrungen in ihrer Meditationspraxis, andere wiederum besitzen differenzierte Kommunikationsfähigkeiten. Ein Meditationslehrer sollte über beide Qualitäten verfügen.

Wie geht man am besten mit starkem sinnlichen Verlangen um?

Meditiere und lege das Gewicht deiner Aufmerksamkeit auf das Verlangen selbst. Sei dir bewusst, dass es stark ist. Mach dich mit dem Verlangen vertraut ... Durch das Erkennen von sinnlichem Verlangen im Moment seines Auftretens kannst du es überwinden. Du kannst dich in der Welt sinnlichen Verlangens bewegen und gleichzeitig ein guter Buddhist sein. Denn es ist möglich dich „außerhalb dieser Welt“ zu bewegen, indem du dich nicht in sie hineinziehen lässt bzw. an ihr festhältst.

Hat sich dein früheres Verständnis vom Leben verändert?

Ja, es hat sich grundlegend verändert. Früher habe ich an allem festgehalten. Ich war besitzergreifend und war begierig nach materiellen Dingen. Heute fühle ich mich losgelöst und treibe im Fluss des Lebens. Ich spüre kein Verlangen mehr nach materiellen Dingen, noch habe ich das Bedürfnis irgendetwas zu besitzen. Ich lebe, das ist alles. Und das ist genug.

Wie kann ich Metta-Meditation (Praxis der Liebenden Güte) praktizieren?

Die folgenden Meditationsanleitungen setzen sich aus Dipa Mas ursprünglichen Anweisungen sowie aus Berichten von Michelle Levey zusammen, die mehr als 20 Jahre in der Art und Weise Metta praktizierte, die sie von Dipa Ma gelernt hat. Es ist möglich die gesamte Dauer einer Sitzmeditation der Praxis von Metta zu widmen oder die Meditation mit Metta zu beginnen bzw. zu beenden. Zunächst solltest du mit jeweils nur einer Kategorie gleichzeitig üben; im Verlauf der Praxis werden die fünf unterschiedlichen Stufen schließlich in einer Meditationssitzung kombiniert.

Erste Stufe

Die erste Stufe besteht darin, Liebende Güte für sich selbst zu entwickeln und sich ein bester Freund bzw. eine beste Freundin zu sein. Die folgenden Worte und Bilder haben die Funktion, Gefühle von Metta in uns hervorzurufen, die wir an uns selbst richten.

Möge ich frei sein von Feinden.
Möge ich frei sein von Gefahr.
Möge ich frei sein von Ängsten.
Möge ich gesund und zufrieden sein.

Das Wort „Feinde" bezieht sich in diesem Zusammenhang auf äußere sowie auf innere Feinde. Die „inneren Feinde" können den gesamten Bereich unserer Gefühlswelt betreffen, angefangen mit der kleinsten Irritation bis hin zum vollen Ausmaß von Hass und Feindseligkeit, das sich gegen uns selbst und andere richtet.

Während du die Sätze in Stille wiederholst, ist es wichtig ein Bild von dir klar und stetig im Geist zu halten. Wenn es dir schwer fällt zu visualisieren, versuche dich an dein Spiegelbild zu erinnern bzw. schaue tatsächlich in den Spiegel oder benutze ein Foto, bis du dich selbst klar vor deinem geistigen Auge siehst.

Wiederhole die Sätze in der vorgegebenen Reihenfolge. Wenn sich dein Geist in Gedanken verliert und du nicht mehr weißt, bei welchem Satz du angelangt bist, beginne erneut mit dem ersten Satz: „Möge ich frei sein von Feinden". Indem du den Geist immer wieder zu den Sätzen zurückführst, wird sich deine Konzentration vertiefen.

Es ist wichtig sich in die Bedeutung und das Gefühl hinter den Worten fallen zu lassen. Die Worte erfüllen lediglich den Zweck, dich zu leiten und dich in der Praxis zu verankern. Halte das Gefühl von Wohlwollen für dich selbst in Verbindung mit deinem inneren Bild in Herz und Geist und wiederhole die Sätze für die gesamte Dauer der Meditation.

Wenn du sorgfältig praktizierst und an dem Punkt angelangt bist, an dem es dir möglich ist, dich selbst zu lieben und dein Bild klar und stetig im Geist zu halten, kannst du zur nächsten Stufe übergehen, die darin besteht, Liebende Güte an einen guten Freund bzw. eine gute Freundin zu richten.

Zweite Stufe

Benutze die gleichen Sätze und richte deine Wünsche der Liebenden Güte an einen guten Freund oder einen Lehrer, der dir Gutes getan hat. In der gleichen Art und Weise, wie du es mit deinem eigenen Bild getan hast, halte jetzt das Bild deines Freundes klar und stetig im Geist und weite das Feld der Liebenden Güte auf ihn bzw. sie aus.

Mögest du frei sein von Feinden.
Mögest du frei sein von Gefahr.
Mögest du frei sein von Ängsten.
Mögest du gesund und zufrieden sein.

Wenn es dir möglich ist deine Freundin wie dich selbst zu lieben oder ihr Bild in Verbindung mit den Sätzen klar und stetig im Geist zu halten, kannst du zur nächsten Stufe übergehen.

Dritte Stufe

Die nächste Kategorie von Wesen, an die du Metta richtest, nennt sich „die Leidenden" und umfasst alle Wesen bzw. Gruppen von Wesen, die leiden. Während du bisher das Bild einer einzelnen Person im Geist gehalten hast, weitest du dein Blickfeld nun auf eine größere Anzahl Wesen aus. Beginne damit, eine jeweilige Gruppe von leidenden Wesen im Geist zu halten, und richte deine Wünsche in der gleichen Art und Weise an sie, wie du es vorher mit dir selbst und deinem Freund getan hast.

Möget ihr frei sein von Feinden.
Möget ihr frei sein von Gefahr.
Möget ihr frei sein von Ängsten.
Möget ihr gesund und zufrieden sein.

Wenn Bilder anderer Gruppen leidender Wesen spontan im Geist erscheinen, beispielsweise Menschen in Krankenhäusern oder in Kriegssituationen, kannst du deine Wünsche Liebender Güte an sie richten und auf dynamische Art und Weise mit dem Fluss wechselnder Bilder meditieren. Fahre mit dem Wiederholen der Sätze fort, während du deine Konzentration immer mehr auf die Gefühle von Metta richtest, die hinter den Worten liegen.

Du wirst sehen, dass Selbstliebe das Fundament dafür bietet, andere zu lieben. Indem du dich selbst liebst, wird es dir möglich sein, deinen Freund bzw. deine Freundin wie dich selbst zu lieben. Im nächsten Schritt wirst du die Leidenden in der gleichen Art und Weise lieben, wie du deinen Freund und dich selbst liebst. Schließlich werden alle Gruppen in eine einzige verschmelzen.

Vierte Stufe

Auf der vierten Stufe der Praxis vermischt sich Metta mit Gleichmut. Hier geht es darum, alle Lebewesen in das Feld der Liebenden Güte einzuschließen – Freunde, leidende Menschen, Menschen, für die du neutrale Gefühle hast, solche, mit denen du Schwierigkeiten hast, und alle Lebewesen überall.

Mögen alle Lebewesen frei sein von Feinden.
Mögen alle Lebewesen frei sein von Gefahr.
Mögen alle Lebewesen frei sein von Ängsten.
Mögen alle Lebewesen gesund und zufrieden sein.

Ziel ist deinen Geist zu Liebender Güte werden zu lassen, indem du dich vordergründig dem Gefühl von Metta zuwendest; die Worte und Sätze, die du bisher benutzt hast, hatten lediglich die Funktion, das Gefühl von Liebender Güte hervorzurufen. Erlaube deinem Geist zu Liebender Güte zu werden und verweile mit Gleichmut in diesem Gefühl, ohne es in irgendeiner Art und Weise zu manipulieren.

Fünfte Stufe

Die krönende Stufe der Metta-Meditation besteht darin, die einzelnen Kategorien miteinander zu verbinden und innerhalb einer Sitzung eine gewisse Zeit mit jeder Stufe zu arbeiten. Auf diese Weise wird die

Meditation zu einer Symphonie von Liebender Güte. Du beginnst mit dir selbst und weitest das Feld der Liebenden Güte bis zu einem Punkt aus, an dem du schließlich in Gleichmut verweilst.

Gnade

Die Lehre einer großen spirituellen Meisterin kann viele verschiedene Formen annehmen. Die kraftvollste Form ist jedoch die der reinen Präsenz. Es war Dipa Mas einfache, klare und mitfühlende Art und Weise, in der Welt zu sein, die vielen Menschen als unwiderstehlicher Anreiz und Ermutigung diente, den Weg des Dharma zu gehen.

Selbst nach ihrem Tod ist Dipa Mas Gegenwart für viele ihrer Schüler weiterhin erfahrbar. Jack Kornfield berichtet, dass er in Zeiten großer Schwierigkeiten als auch großer Inspiration tief von Dipa Mas Geist berührt wurde. Laut Munindra ist das gute Karma erleuchteter Wesen wie Dipa Ma oder dem Buddha immer für unsere Praxis verfügbar, wir müssen nur danach Ausschau halten.

Dipa Ma ist Menschen erschienen, die ihr niemals zuvor begegnet sind. Auch heute noch wird immer wieder von Begegnungen mit Dipa Ma berichtet. Viele ihrer Schüler haben die Erfahrung gemacht, dass sie nach einer Vision, einem Traum oder dem Erleben ihrer Gegenwart in Form von Energie in einen Zustand tiefer Konzentration und Frieden fallen. Ein Meditationslehrer berichtet über Dipa Mas Gegenwart: „Man könnte es Gnade nennen. Was immer es ist, ich bin sehr dankbar dafür."

Ma ist mir auf vielfältige Art und Weise begegnet. Eine der amüsantesten Begebenheiten hat sich zugetragen, als ich in einem Retreatzentrum im Südwesten der USA lebte und an diesem Buch schrieb.

An der Wand vor meinem Schreibtisch hing eine Fotokopie von Dipa Ma, die sie in Meditationshaltung abbildete.

Nachdem ich ein schöneres Foto von ihr gefunden hatte, warf ich die Kopie in den Mülleimer und hing das neue Bild über meinem Schreibtisch auf. Plötzlich spürte ich einen Stich in meiner Brust: „Vielleicht sollte ich das Bild doch nicht wegwerfen." Ich erinnerte mich vage daran, gehört zu haben, dass es als respektlos gelte Gegenstände, die in irgendeiner Verbindung mit dem Dharma stehen, wegzuwerfen, und dass es schlechtes Karma verursache.

Einen Moment zögerte ich: „Wird diese Handlung sich rächen?"

„So ein Unsinn," beschloss ich schließlich, „es ist nur eine Kopie. Sie liegt bereits im Mülleimer. Ich hänge lediglich ein anderes Foto auf. Das hat nichts mit Respektlosigkeit zu tun."

Ende der Diskussion.

Monate später, an einem heißen Sommernachmittag, half ich unsere baufällige Veranda auseinander zu nehmen. Während der Arbeiten entdeckten wir ein verlassenes Rattennest. Rattenmütter haben die Angewohnheit eine Menge farbiger Objekte zusammenzutragen und es ist immer wieder interessant zu sehen, was in ihren Nestern so alles auftaucht.

Als ich dem Nest näher kam, wurde mein Blick von etwas gefangen genommen: inmitten des Nestes befand sich die Kopie von Dipa Ma – sie war umgeben von Kaktusstücken, Dosen, Stücken roten Plastiks, Rattenkot und einem blauen Kugelschreiber. Sie strahlte mich an.

Wie es der Zufall wollte, war es das gleiche Bild, das ich bei meinem ersten Aufenthalt vor vielen Jahren in der Bücherei der IMS gesichtet hatte. Meine allererste Begegnung mit Dipa Ma. Ein Anfang, ein Ende – alles eins.

Sie lehrt mich immer noch.

Ein Lichtwesen inmitten von Leiden

Wenn ich von großem Leid umgeben bin, wenn ich zum Beispiel Klienten habe, die viel Leid erfahren oder mich selbst in schwierigen Umständen befinde, „erscheint" Dipa Ma. Nicht in dem Sinne, dass sie tatsächlich gegenwärtig ist, es handelt sich mehr um die Kraft ihrer Präsenz. In solchen Situationen erscheint sie in meinem Denken und ich gewinne an Gleichgewicht und Mitgefühl. Sie erschien mehrfach in Situationen, in denen ich mit Menschen arbeitete, die starke körperliche Schmerzen hatten. Sie erinnert mich immer wieder daran, dass auch in Zuständen größten Leids Licht vorhanden und verfügbar ist.

Roy Bonney

Die Kraft meiner Praxis ist mit euch

Ich habe das starke Gefühl, dass sie mich weiterhin in der Praxis begleitet.

Kurz nachdem sie im frühen September 1989 gestorben war, nahm ich am Drei-Monats-Retreat in der IMS teil. Während einer bestimmten Meditation, in der ich extreme körperliche Schmerzen hatte, fasste ich den festen Entschluss, dem Schmerz standzuhalten und ihm direkt ins Auge zu sehen. Als ich es fast nicht mehr aushielt, fühlte ich mich plötzlich von Dipa Mas Gegenwart erfüllt. Ich spürte ihre Präsenz und sie schien mir zu sagen: „Die Kraft meiner Praxis ist hier mit dir." Energie strömte durch meinen ganzen Körper und es gelang mir den Schmerz zu ertragen.

Janne Stark

Demut

Mehrere Jahre nach Dipa Mas Tod wurde ich zur Nonne geweiht. Während dieser Zeit hatte ich das Gefühl, dass sie zu mir kam, um mir zu sagen, dass meine Aufgabe darin bestünde, Demut zu lernen. Wenn ich auf die Jahre meines klösterlichen Lebens zurückblicke, wird mir bewusst, dass sie Recht hatte.

Wir pflanzten zwei Bäume zur Erinnerung an Dipa Ma. Den ersten Baum pflanzten wir im Nonnengarten des buddhistischen Klosters Cittaviveka (Chithurst) in England. Der Abt sowie einige andere Mönche gesellten sich zu uns, während wir einen Ort ausfindig machten und ein Loch für den Baum gruben.

Am Boden des Loches befand sich ein Stück Keramik, auf das das Vaterunser geschrieben war. Es war wie ein kraftvolles Zeichen, das die verschiedenen Religionen transzendierte.

Einige Jahre später wurde Dipa Mas Andenken durch den Bau einer Brücke im klösterlichen Nonnengarten erweitert. Ich war sehr erfreut darüber, weil mich das Bild des Stromüberquerens tief in meinem Herzen mit Dipa Ma verband.

Während wir den Bau der Brücke planten, passierte etwas, das mich sehr verärgerte. Ich war absolut wütend. Später ging ich zu dem Baum hinunter und stellte fest, dass er krank geworden war. Schließlich starb der Baum. Die Begebenheit zeigte mir, was Ärger ausrichten kann. Es war unmöglich Dipa Ma mit ungelöstem Ärger in Erinnerung zu halten.

Die Brücke wurde fertiggestellt und eine Gedenktafel zu Ehren von Dipa Ma an ihr angebracht. Außerdem pflanzten wir zu ihrem Andenken eine Eiche in den Obstgarten des buddhistischen Klosters Amaravati in Hertfordshire in England, und zwar im Buddha-Hain. Dieser Baum ist stark und gesund gewachsen.

Wenn ich verwirrt war oder mir eine große Herausforderung bevorstand, ging ich häufig zum Baum hinunter und rezitierte ein Mantra oder sprach mit Dipa Ma. Manchmal richtete ich einen Altar im Baum ein und praktizierte Gehmeditation. Währenddessen entspannte sich mein ganzer Körper in ein friedvolles Gefühl von Dipa Mas Liebe und Verstehen. Und obwohl sich die äußere Situation nicht verändert hatte, erschien das Problem nicht mehr so dringlich.

AJAHN THANASANTI

Immer gegenwärtig

Dipa Ma ist wie ein stetes, unauslöschliches Licht des Dharma, das in meinem Herzen geblieben ist. Sie ist immer gegenwärtig.

Als sie noch lebte und selbst jetzt, wo sie tot ist, ist ihre Präsenz ganz nahe. Es ist das größte Geschenk für mich, sie während der Meditation in meinem Inneren finden zu können. Sie sagte mir: „Du wirst die Antworten in deinem Inneren finden. Höre einfach hin, was es dir zu sagen hat."

MICHELLE LEVEY

Ihre Lehre ist unerschütterlich

Als Dipa Ma 1980 die IMS verließ, begleitete ich sie zum Flughafen. Ich hatte viel Zeit mit ihr verbracht und war sehr traurig darüber, dass sie abreiste. Ich weinte und mein Herz war schwer. Ich spürte einen tiefen Schmerz, der mit der Trauer vergleichbar war, die ich empfand, als mich im Alter von dreieinhalb Jahren meine Mutter verließ. Bevor sie ging, drehte sie sich zu mir um und schaute mir in die Augen.

„Habe keine Angst," sagte sie. „Ich werde immer bei dir sein."

Dann legte sie ihre Hände auf mein Herz; in diesem Moment lösten sich Schmerz und Trauer vollkommen auf und ich war von Licht erfüllt. Über lange Jahre hinweg behielt ich diese Erfahrung für mich und teilte sie mit niemanden. Sie war so tief greifend gewesen; es erschien mir unmöglich auszudrücken, was ich erlebt hatte.

Lange Zeit zweifelte ich an ihren Worten: „Ich werde immer bei dir sein." Aber ihre Gegenwart ist geblieben und hat sich seither immer mehr verstärkt. Vor 18 Jahren habe ich mit der Praxis von Achtsamkeitsmeditation angefangen. Dipa Mas Führung ist seither nicht ins Wanken geraten.

Andere Menschen können ihre Gegenwart ebenfalls spüren. Im vergangenen Jahr habe ich an einer Reinigungszeremonie mit dem Ältesten des Stammes der Lakota-Sioux teilgenommen, der von seinen Vorfahren ausgebildet wurde. Während der Zeremonie war ich plötzlich von Schrecken erfüllt und hatte das Gefühl zu sterben, es handelte sich um den Tod des Selbst. Ich war nicht sicher, ob ich die Situation überstehen würde, und wollte die Zeremonie verlassen. Mit tränenüberströmten Gesicht legte ich schließlich meine Wange auf die Erde und schloss die Augen. Ich dachte nur noch an Dipa Ma.

In diesem Moment wurde ich von Licht durchflutet und meine Angst löste sich vollkommen auf. Dipa Mas Gegenwart erfüllte mich mit tiefem Frieden. Der Älteste blickte zu mir und sagte: „Du bist von Licht erfüllt."

Ich weiß, dass sie nicht physisch wiedergekehrt ist. Sie genießt es, dort zu sein, wo sie gerade ist und von wo aus sie lehrt. Manchmal erscheint mir ein lebendiges Bild von dem Ort, an dem sie sich jetzt befindet. Er ist von Licht erfüllt. Ihre Gegenwart lässt sich in Form von Lichtenergie wahrnehmen.

Sie wird uns im irdischen Daseinsbereich so lange begleiten, wie es notwendig ist. Sie ist einer unserer Schutzengel und passt auf uns auf.

Sharon Kreider

Was ich kann, kannst du auch

Während des Drei-Monats-Retreats hatte ich mit enorm vielen Problemen zu kämpfen. Über lange Zeit tat ich nichts anderes als kämpfen, kämpfen und nochmals kämpfen. Während einer besonders schwierigen Meditation wünschte ich mir, dass ich Dipa Ma gekannt hätte, und fragte mich, ob es möglich sei, mit ihr in Kontakt zu treten.

Plötzlich hatte ich das Gefühl, dass sie anwesend ist und zu mir spricht. Sie ermutigte mich mit den Worten: „Was ich kann, kannst du auch."

Nach dieser Erfahrung fiel ich in einen Zustand tiefer Konzentration, der mehrere Wochen anhielt.

Anonym

Das Unliebsame lieben

Ich hatte bisher noch nichts von Dipa Ma gehört, bis ein Freund mir erzählte, was für eine großartige Lehrerin sie gewesen sei, und dass ich mehr über sie erfahren sollte.

Einige Tage später saß ich alleine in meiner Wohnung und las einen Bericht über ihr Leben. Als ich auf der dritten Seite angelangt war, überkam mich ein außergewöhnliches Gefühl von Frieden. In diesem Moment fiel jegliches Gefühl von Angst und Sorge von mir ab und ich spürte eine tiefe Zufriedenheit mit mir selbst und dem Leben – ein vollkommener Frieden sowie eine große Offenheit. Es war anders als alles, was ich bisher erlebt hatte.

Während dieser Erfahrung nahm ich eine körperliche Gegenwart wahr, die sich rechts neben mir befand. Das Gefühl, dass jemand neben mir steht, hielt mehrere Minunten an.

In den zwei darauf folgenden Tagen hatte ich das Gefühl zu schweben und Dinge, die mir gewöhnlich Sorgen bereiteten, verloren ihre Wichtigkeit. Es war, als ob ich durch ein Tor geschritten wäre, das in eine andere Form des Seins führt. Meine Lehrer hatten häufig von der „Öffnung des Herzens" gesprochen, aber bis zu diesem Zeitpunkt hatte ich nicht verstanden, was sie damit meinten. Ich begann zu verstehen, dass sich das Herz nur dann entfalten kann, wenn es frei ist von Angst. Es war eine außergewöhnliche Erfahrung, die in mir ein Gefühl des Wundersamen wachrief.

Seit diesem Tag kehrt der folgende Satz immer wieder in mein Gedächtnis zurück: „Liebe das Unliebsame." Ich glaube, dass es Dipa Mas Worte sind.

Pamela Kirby

Wer ist diese Person?

Während eines Metta-Retreats in der Insight Meditation Society hielt Joseph Goldstein einen wunderbaren Vortrag über Mitgefühl, in dem er Geschichten über seine Lehrerin Dipa Ma erzählte. Als ich die Meditationshalle verließ, spürte ich die starke Anziehungskraft einer Energiequelle. Wie bei einem Kompass wurde mein Körper in eine bestimmte Richtung zu etwas hingezogen. Es handelte sich eindeutig um eine äußere Quelle, und nicht um etwas Inneres oder Emotionales.

Nach anfänglichem Zögern beschloss ich meinem Impuls nachzugeben und dem Sog der Energie zu folgen. Nachdem ich eine Weile umhergegangen war, zog es mich nach oben in das Zimmer M101. Als ich den Türgriff in die Hand nahm, wusste ich, dass sich die Energiequelle hinter der Tür befand. Die Intensität war überwältigend und mein ganzer Körper zitterte. Ich setzte mich in eine Ecke des Zimmers.

Dann entdeckte ich ein Bild in der Richtung, von der die Energie herkam. Es sah aus wie ein in Weiß gekleideter Mann in Meditationshaltung.

Es war, als ob mich ein Sog von Energie zu dem Bild hinzog. Ich ging hinüber und nahm es in die Hand. Während ich es hin- und her- von einer Seite zur anderen und von oben nach unten bewegte, veränderte sich das Energiefeld.

Ich fragte mich: „Wer ist diese Person?“, und spürte: „Ich werde mit meiner Familie zu diesem Lehrer ziehen müssen. Ich kann diese Kraft nicht ignorieren.“

Ich meditierte noch eine Weile in dem Zimmer und badete in einem Gefühl großer Intensität. In den darauf folgenden Tagen fiel ich in einen Zustand von tiefer Konzentration, Liebe und Frieden. Auf einer bestimmten Ebene beeinflusst mich diese Erfahrung auch heute noch.

Später erfuhr ich von einem der Mitarbeiter in der IMS, dass es sich bei dem Bild um Dipa Ma handelte.

David Grant

Dipa Mas Gegenwart hervorrufen

Im Folgenden beschreiben einige von Dipa Mas Schülern, wie man die Kraft ihrer Präsenz hervorrufen kann.

> Ich bete täglich zu ihr. In vielerlei Hinsicht ist sie ein Teil von mir. Ihre Gegenwart ist immer präsent. Was der Vipassana-Praxis meiner Meinung nach fehlt, ist der Aspekt der Hingabe. Ich habe diesen Aspekt in meine tägliche Praxis integriert.
>
> Ich beginne jeden Morgen damit, mir alle Buddhas und Bodhisattvas, Meister und alle erleuchteten Wesen vor Augen zu führen. Ich spüre ihre Präsenz, bete zu ihnen, bitte um ihre Führung und darum, mir ein Vorbild zu sein. Während des Tages vergegenwärtige ich mir dann diese realisierten Wesen. Ma ist eines von ihnen.
>
> JACK ENGLER

> Die Tibeter sind der Auffassung, dass die Energie von Milarepas Praxis auch heute noch gegenwärtig ist. Ich spüre, dass die Kraft von Dipa Mas Hingabe und Engagement sowie ihrer Leidenschaft und Entschlossenheit immer noch verfügbar ist. Indem ich mich an sie erinnere, kann ich diese Kraft spüren. Wir können auf die Kraft ihres Erwachens zurückgreifen.
>
> Wenn Schwierigkeiten in meiner Praxis auftreten, versuche ich mir vorzustellen: „Wo ist Dipa Ma?“ Ich versuche mich mit ihrer spürbaren Präsenz zu verbinden – es ist diese ihre unerschütterliche Wesenskraft, die ich immer noch spüren kann. Wenn ich mich an diese oder ihr Bild erinnere, höre ich auf in die Geschichten meines Geistes verwickelt zu sein. Und ich erinnere mich daran, dass es möglich ist, jenseits dieser Geschichten zu gehen.
>
> KATE WHEELER

> Über die Jahre hinweg hatte ich viele Lehrer. Am Anfang einer Meditationssitzung visualisiere ich häufig einen Zufluchtsbaum, der den Buddha und alle meine Lehrer umfasst. Ich vergegenwärtige mir jeden Einzelnen von ihnen und verbinde mich mit dem Gefühl ihrer jeweiligen energetischen Qualität.
>
> Auf diese Art und Weise entsteht eine wunderbare Verbindung mit meinen Lehrern. Wenn ich Dipa Ma visualisiere, spüre ich ihre besondere Qualität von Leerheit und Metta. Ihr Bild verbindet mich mit einer unglaublichen Tiefe in meinem Herzen.
>
> JOSEPH GOLDSTEIN

Meine eigene Praxis hinsichtlich Dipa Ma besteht darin, mein Herz in ihre Obhut zu legen. Auf einer Kassette, die während eines Gruppeninterviews in ihrem Haus in Indien aufgenommen wurde, sprach sie liebevoll zu einem verspäteten Schüler: „Komm bitte herein. Wenn es keinen Platz mehr gibt, komm zu mir und setze dich auf meinen Schoß ... Du bist mein Kind." Immer wenn ich traurig bin, stelle ich mir vor, wie sie zu mir spricht: „Komm, mein Kind, setze dich auf meinen Schoß." In meiner Vorstellung gehe ich zu ihr und lege meinen Kopf in ihren Schoß, und während ich weine, streichelt sie mir langsam und sanft über den Kopf.

Wir können uns Dipa Mas Vermächtnis zu Eigen machen, so wie es mit jedem großen Lehrer möglich ist. Sie wird zu einem Licht, an dem wir uns orientieren können. Auf diese Weise können wir es selber schaffen. Jack Kornfield drückte so aus: „Es geht nicht darum, wie Dipa Ma, ein großartiger Yogi oder eine Heilige zu sein, von der du möglicherweise gehört hast. Es geht darum, du selbst zu sein und zu entdecken, dass alles, wonach du bisher gesucht hast, in deinem eigenen Herzen, im Hier und Jetzt zu finden ist."

Mögen nun eure eigenen Geschichten beginnen und möge euch Dipa Mas Segen auf der Reise zurück nach Hause begleiten:

Was immer ich an heilsamen Qualitäten verwirklicht habe, Stärke, Liebende Güte,
Ich teile sie mit euch, möget ihr Vertrauen finden und in Frieden leben.
Durch den Segen von Buddha, Dharma und Sangha
Möge euch alles Gute widerfahren,
Möget ihr glücklich sein,
Möget ihr beschützt sein
Und möget ihr in Eurer Meditation vorankommen.

Bildnachweis

Umschlag	Dipa Ma in der Insight Meditation Society (IMS), 1980 (Maria Monroe)
Seite 12	IMS, 1980 (Steven Schwartz)
Seite 17	Auszug aus einem Film von Jack Kornfield, 1980
Seite 23	Nani Bala Barua (Dipa Ma) mit ihrem Ehemann Rajani Ranjan Barua und ihrem jüngeren Bruder Bijoy, 1937, Burma (Fotograf unbekannt)
Seite 34	Dipa Ma in ihrer Wohnung in Kalkutta, 1973 (Roy Bonney)
Seite 43	Auszug aus einem Film von Jack Kornfield, 1980
Seite 46	IMS, 1980 (Maria Monroe)
Seite 53	Meditationshalle, IMS, 1980 (Maria Monroe)
Seite 54	In Sylvia Boorsteins Haus in Kalifornien, 1980 (Maria Monroe)
Seite 72	Enkel Rishi nimmt ein Bad, Kalkutta, 1979 (Fotograf unbekannt)
Seite 75	Auszug aus einem Film von Jack Kornfield, 1980

Seite 80	Segnung von Jacqueline Mandell, Kalkutta, 1973 (Roy Bonney)
Seite 92	Abschied von der IMS. Sie gibt Jaqueline Mandell ihren Segen, die aufgrund eines Rückenleidens an ihr Zimmer gefesselt ist, 1980 (Maria Monroe).
Seite 104	IMS, 1984 (Janice Rubin)
Seite 113	Segnung von Steven Schwartz, Auszug aus einem Film von Jack Kornfield, 1980
Seite 122	Auszug aus einem Film von Jack Kornfield, 1980
Seite 126	Belehrung auf ihrem Bett, Kalkutta, 1973 (Roy Bonney)
Seite 151	Mit Joseph Goldstein, Bodh Gaya, Indien, 1989 (Susan O'Brien)

Mitwirkende

Dipa Barua ist Dipa Mas Tochter. Sie arbeitet für die Stadtverwaltung von Kolkata (Kalkutta) und engagiert sich für verschiedene soziale und religiöse Organisationen.

Jyotishmoyee Barua ist Hausfrau und Mutter von fünf Kindern und lebt in Kalkutta.

Pritimoyee Barua ist Hausfrau und Mutter von zwei Kindern und lebt in Kalkutta.

Rishi Barua ist Dipa Mas Enkel. Er hat seinen Bakkalaureus am St. Xavier's College in Kolkata absolviert und studiert momentan Betriebswirtschaft an der Universität Kolkata.

Sudipti Barua wurde von Dipa Ma zur Assistenzlehrerin ausgebildet, gemeinsam leiteten sie Meditationskurse in Bodh Gaya und Kolkata. Sie ist Mutter von sechs Kindern und besitzt eine Bäckerei in Kolkata.

Roy Bonney ist Fotograf, Körpertherapeut und Berater in der Bay Area von San Franzisco. Er begegnete Dipa Ma 1974.

Sylvia Boorstein ist Mitbegründerin und Lehrerin des Spirit Rock Meditation Center und Autorin von *Es ist leichter als Du denkst: Der buddhistische Weg zum Glück* und anderen Büchern der Dharma-Praxis.

Daniel Boutemy praktiziert seit 27 Jahren in der Theravada-Tradition. Er bezeichnet sich in der Öffentlichkeit als „buddhistischen Homosexuellen" und hat mit einer Reihe von Lehrern aus dem Westen und Asien Vipassana als auch die Jhanas praktiziert.

Robert Bussewitz, auch Buzz Ananda, praktiziert seit 1978 Einsichtsmeditation und hat verschiedene Pilgerstätten in Asien besucht, auch in Tibet. Er lebt derzeit in Jamaica Plain, Massachusetts.

Dipak Chowdhury ist Bankangestellter in Kalkutta und Vater von zwei Kindern. Er ist Mitglied in verschiedenen sozialen und religiösen Organisationen und engagiert sich insbesondere in Projekten, die den Armen helfen.

Sukomal Chowdhury ist emeritierter Professor und Leiter des staatlichen Sanskrit College in Kolkata. Er wirkt in vielen sozialen und religiösen Organisationen mit. Für dieses Buch übersetzte er einen bengalischen Text über Dipa Mas Leben.

Howard Cohn praktiziert seit mehr als 25 Jahren Meditation. Als ursprüngliches Mitglied des Lehrerrats von Spirit Rock leitet er seit 1985 weltweit Retreats. Seine Ausbildung umfasst verschiedene Traditionen (Theravada, Zen, Dzogchen und Advaita Vedanta).

Matthew Daniell ist langjähriger Schüler in Einsichtsmeditation. Er lehrt buddhistische Meditation und Yoga an der Tufts-Universität in Boston.

Jack Engler ist Psychologe, er lehrt und supervidiert Psychotherapie in der Abteilung für Psychiatrie des Cambridge Hospital und der Harvard Medical School. Er ist Ausschussmitglied des Barre Center for Buddhist Studies, er studierte mit Anagarika Munindra, dem ehrwürdigen Mahasi Sayadaw und Thomas Merton. Er lebt mit Frau und Tochter in Massachusetts.

Lesley Fowler ist langjährige Schülerin in Einsichtsmeditation und Autorin von Gedichten und Romanen. Sie lebt in Australien.

Andrew Getz praktiziert seit seiner Jugend Einsichtsmeditation und lebte einige Zeit als Mönch in Asien. Er ist besonders interessiert daran, die Weisheitslehren des Buddha an gefährdete Jugendliche weiterzugeben, und ist Mitbegründer der Organisation Youth Horizons.

Joseph Goldstein ist Mitbegründer und leitender Lehrer der Insight Meditation Society. Er lehrt seit 1974 weltweit Einsichtsmeditation. Er ist Autor mehrerer Bücher, einschließlich *One Dharma* und *The Experience of Insight,* er ist Begründer des Forest Refuge, ein Zentrum für Selbst-Retreats und Langzeitpraxis.

David Grant ist Realschullehrer, er lebt mit Frau und Tochter in Portland, Maine.

Asha Greer ist Künstlerin, Krankenschwester, Seniorlehrerin in der Sufi-Tradition und Mitbegründerin der Lama Foundation in Neumexiko und der Hospizbewegung in Charlotteville, Virginia. Sie lebt in Basteville, Virginia.

Sayadaw Khippapanno ist vietnamesischer Mönch und erhielt vor 52 Jahren seine Ordination. Gegenwärtig residiert er im Shakyamuni-Tempel in der Nähe von Los Angeles und im Jetavana Vihara in Washington, D. C. Er lehrt seit 1982 Einsichtsmeditation.

Pamela Kirby ist freiberufliche Verlegerin aus Südkarolina. Sie lebt in Woodacre, Kalifornien.

Eric Kolvig leitet Vipassana-Retreats und hält Vorträge innerhalb der USA. Er lebt in Neumexiko.

Jack Kornfield war buddhistischer Mönch in Asien. Er ist Mitbegründer der Insight Meditation Society und lehrt seit 1974 weltweit Meditation. Er ist Autor verschiedener Bücher über die Praxis des Dharma, einschließlich *Frag den Buddha und geh den Weg des Herzens* und *Das Tor des Erwachens. Wie Erleuchtung das tägliche Leben verändert.*

Sharon Kreider, Ehefrau und Mutter von zwei Kindern, begann 1977 in Indien Einsichtsmeditation zu praktizieren. Sie ist approbierte Therapeutin, arbeitet mit Jugendlichen und ihren Familien und lehrt Psychologie und Stress-Management im Front Range Community College, Colorado.

Carol Constatian Lazell begann 1978 Einsichtsmeditation in der Insight Meditation Society zu praktizieren und war von 1981-83 Mitarbeiterin in der IMS. Sie ist Mutter einer elfjährigen Tochter, lebt in der Gegend von San Franzisco und arbeitet in der Bücherei einer Grundschule.

Michelle und Joel Levey sind Autoren von *Living in Balance, Simple Meditation and Relaxation, Wisdom at Work* und anderen Büchern (s.www.wisdomatwork.com). Sie haben mit Lehrern verschiedener Traditionen praktiziert. Durch ihre Arbeit mit Führungskräften von Kooperationsgesellschaften führen sie die Prinizpien des Dharma ins tägliche Leben ein.

Michael Liebenson Grady ist leitender Lehrer des Cambridge Insight Meditation Center. Er praktiziert seit 1973 Einsichtsmeditation.

Ann Lowe ist Designerin und visuelle Künstlerin. Sie lebt mit ihrem Ehemann und ihren zwei Hunden in San Lorenzo, Neumexiko.

Jacqueline Mandell ist Lehrerin für buddhistische Meditation, Mutter von Zwillingen und Präsidentin von Leadership from a Pure Heart.

Michele McDonald-Smith praktiziert seit 1975 Einsichtsmeditation und lehrt seit 1982 weltweit. Sie ist besonders interessiert daran, die altertümlichen Lehren zu erhalten und Wege zu finden, sie in einer Art und Weise zu vermitteln, die unserer Zeit entsprechen.

Maria Monroe hat 1968 in Bodh Gaya unter der Anleitung von Munindra mit der Praxis von Einsichtsmeditation begonnen und besuchte Dipa Ma 1970 in Kalkutta. Sie lehrte von 1979-84 Einsichtsmeditation. Sie lebt in der Gegend von Portland, Oregon.

Anagarika Munindra ist ein international anerkannter Meditationslehrer. Er erhielt unter der Leitung von Mahasi Sayadaw die Mönchsordination und lebt in der S.N. Goenka's Vipassana International Academy in Igatpuri, Indien.

Sandip Mutsuddi ist Vater und Angestellter der staatlichen Regierung von Kolkata, Indien.

Daw Than Myint ist Dipa Mas Nichte. Sie ist Dozentin am College in Myanmar.

Susan O'Brien reiste 1979 mit Joseph, Sharon und anderen nach Indien, wo sie Dipa Ma in Bodh Gaya und in ihrem Hause in Kalkutta besuchten. Susan lehrt sei 1996 Meditation und koordiniert den Insight Meditation Correspondence Course.

Venerable Rastrapala Mahathera ist Präsident des Vipassana International Meditation Center in Bodh Gaya. Er benannte die dortige Meditationshalle nach Dipa Ma. Er ist Autor und Meditationslehrer.

Bob Ray gründete mit seiner Frau Dixie den Southwest Center for Spiritual Living. Bob leitet eine wöchentliche Meditationsgruppe in Las Vegas, Neumexiko.

Sharda Rogell praktiziert seit 1979 in der Theravada-Tradition und lehrt seit 1985 weltweit Meditation. Sie ist beeinflusst durch die Praxis von Advaita Vedanta und Dzogchen. In ihrer Lehrtätigkeit legt sie eine starke Betonung auf die Kultivierung der Herzensqualitäten.

Janice Rubin ist Fotograf und lebt in Houston. Seit 1976 gibt es internationale Veröffentlichungen und Ausstellungen ihrer Werke. Ihre Ausstellung im Jahre 2001 sowie ihr Buch *The Mikvah Project* beschäftigt sich mit den altertümlichen, geheimen und rituellen Badezeremonien jüdischer Frauen (www.Mikvahproject.com).

Sharon Salzberg ist Mitbegründerin und leitende Lehrerin der Insight Meditation Society. Sie praktiziert seit 1970 Einsichtsmeditation und lehrt seit 1974 weltweit. Sie ist Autorin mehrerer Bücher, unter anderem *Faith: Trusting Your Own Deepest Experience* und *Geborgen im Sein: Die Kraft der Metta-Meditation.*

Katrina Schneider praktizierte intensiv unter der Anleitung von Taungpulu Sayadaw in einem Waldkloster in Burma. Sie lebt derzeit in den USA und integriert die Meditation in ihre Arbeit mit Hospizpatienten und Menschen mit chronischen Schmerzen.

Steven Schwartz praktiziert seit über 30 Jahren Einsichtsmeditation und ist Mitbegründer der Insight Meditation Society. Er ist langjähriger Schüler von Dipa Ma und begleitete sie während ihres ersten Aufenthalts in den USA.

Steven Smith ist Mitbegründer von Vipassana Hawaii und leitender Lehrer der Insight Meditation Society. Er leitet weltweit Retreats.

Janne Stark ist Hebamme und Mutter, Kindergärtnerin und Leiterin eines Bauernmarktes. Sie leitet eine Meditationsgruppe in Portland, Oregon.

Ajahn Thanasanti wurde 1979 in einer Vorlesung von Jack

Engler in die buddhistische Meditation eingeführt. Zehn Jahre später ging sie ins buddhistische Kloster Amaravati in England und legte das Novizengelübde ab. 1991 wurde sie von Ajahn Sumedho zur buddhistischen Nonne ordiniert.

Vater Theophane ist Trappistenmönch und lebt im Snowmass-Kloster in Snowmass, Colorado. Er ist Autor von *Tales of a Magic Monastery.*

Kate („Lila") Wheeler nahm 1977 erstmalig an einem buddhistischen Retreat teil. Sie ist Autorin der Novelle *When Mountains Walked,* einer Sammlung von Kurzgeschichten *Not Where I Started From* sowie von Artikeln in der New York Times, Tricycle: The Buddhist Review und anderen Veröffentlichungen. Sie lebt in Massachusetts.

Autorin

Amy Schmidt ist Residenzlehrerin in der Insight Meditation Society in Barre, Massachusetts und Mitbegründerin von Southwest Sangha, einem Zentrum für Selbst-Retreats in Neumexiko. Sie ist Sozialarbeiterin und Co-Autorin des Manuals *Understanding Alzheimer's: A Guide for Families, Friends and Health Care Providers* (University of Washington Press, 1993). Ihre Kartoons erscheinen in Buddha Laughing (Bell Tower, 1999).

Herausgeber

Don Morreale ist Herausgeber von *The Complete Guide to Buddhist America.* Er ist langjähriger Schüler des Dharma und freiberuflicher Schriftsteller. Er lebt in Denver, Colorado.

Madelaine Fahrenwald ist freiberufliche Autorin und langjährige Schülerin des Dharma.

Weiterführende Informationen über Dipa Ma finden Sie unter www.dipama.com

Online

Umfangreiche Informationen zu unseren Themen, ausführliche Leseproben aller unserer Bücher, einen versandkostenfreien Bestellservice und unseren kostenlosen Newsletter. All das und mehr finden Sie auf unserer Website.

www.arbor-verlag.de

Mehr von Amy Schmidt

www.arbor-verlag.de/amy-schmidt

Seminare

Die gemeinnützige *Arbor-Seminare gGmbH* organisiert regelmäßig Seminare und Weiterbildungen mit führenden Vertretern achtsamkeitsbasierter Verfahren. Nähere Informationen finden Sie unter:

www.arbor-seminare.de